口絵１　一英斎（歌川）芳艶画「東海道　吉原」

口絵２　五雲亭（歌川）貞秀「建久元年源頼朝卿上京行粧之図」３枚（東京大学史料編纂所「錦絵データベース」）

口絵３　同「東都名所之内　霞ケ関之勝景」３枚（同上）

口絵４　歌川国綱「源頼朝公上京之図」３枚（同右）

口絵５　同「東海道神名川横浜風景」３枚（同右）

口絵６　二世五姓田芳柳「王政復古」（宮内庁宮内公文書館蔵『明治天皇紀附図』）

口絵７　同「二条城行幸」（同上）

王政復古
天皇と将軍の明治維新

久住真也

講談社現代新書
2462

序　歴史に筋書きはない

通過点としてのクーデター

王政復古といえば、ひとはいかなるイメージを持っているだろうか。多くの人びとは、学校の日本史授業などを通じて、慶応三年（一八六七）の徳川慶喜《とくがわよしのぶ》による大政奉還に続く、「王政復古の大号令」という事件として記憶しているだろう。もう少し教科書的に説明すれば、一二月九日（西暦では一八六八年一月三日）の大号令によって、摂政・関白や将軍職（幕府）などが廃止され、新たに総裁・議定《ぎじょう》・参与の三職が置かれたこと、その夜、宮中の小御所《こごしょ》会議で、徳川慶喜の処遇（内大臣辞職と領地の一部返上）が決定したということになろうか。

学界では長らく、この事件を「王政復古政変」、あるいは「王政復古のクーデター」と呼んできた。クーデターと称するのは、薩摩藩を中心とした五藩が、禁裏御所の諸門を軍事力で封鎖し、朝廷の権力者たちを排除したなかで新政府を強行樹立したからである。そのため、幕府勢力を中心に強い反発を引き起こし、直後に起こる鳥羽・伏見戦争の導火線となった。大号令で幕府が廃止され、戦争で幕府勢力が敗れ、徳川慶喜追討令が出されることから、王政復古＝討幕（倒幕）というイメージも根強いように思われる。

もちろん、右のような捉え方は間違いではない。しかし、幕末当時、「王政復古」とは、必ずしも一二月九日の政変や大号令のみを意味していたわけではなかった。それに先立つ徳川慶喜の大政奉還（一〇月一五日に朝廷が勅許）をもって王政復古の実現とする見方が比較的広く存在していた。例えば大政奉還の直後、一〇月二一日付で薩摩・安芸・土佐の三藩が連名で朝廷の諮問に答えた文書には、「今般、幕府政権を朝廷へ奉還仕《つかまつり》候《そうろう》次第、誠以《まことにもって》復古の御大業、数百年来の英断に御坐《ござ》候《そうろう》て……」とある（『復古記』一、二二頁）。つまり、大政奉還は政権が天皇に戻ったという意味で、王政復古と考えられたわけである。その意味では、大政奉還も王政復古という事件のひとつであり、一二月九日の政変は、大政奉還につづく、新政権、政体構想を実現させるために起こった事件と位置づけられることになる。

また、すでにそれ以前、嘉永六年（一八五三）にペリーが来航して以降、政治社会において王政復古は大政委任（天皇・朝廷は統治せず、将軍・幕府に政治を委ねているという考え）の対義語として使われていたという事実もある。この場合は、王政復古は事件としてではなく、天皇（朝廷）が国家の最終的な決定権を保持する状態を、漠然と意味していたのである。幕末史の流れは、このような意味での王政復古の趨勢、言い換えれば君主としての天皇を、歴史の表舞台に押し上げていく趨勢が、一貫して強まっていく過程ともいえるだろう。

ところで、この王政復古の趨勢は、必ずしも討幕を志す人びとによってのみ創り出されたわけではない。例えば幕府である。幕府は王政復古で否定されるべき対象とされたが、じつは幕末期を通じ、もっとも王政復古を推進した張本人であった。それはどういうことか。幕府は江戸時代を通じて天皇を独占し、自らのコントロール下に置いていた。しかし、幕末期にその権力が弱体化すると、競争的な雄藩に対抗するため「尊王」を掲げ、ひたすら天皇・朝廷と一体化しようとした。そのために文久三年（一八六三）と翌元治元年（一八六四）に将軍上洛を断行し、将軍は長期間滞京することになった。それは結果的に、京都を国家の中心とする傾向を決定的なものとし、天皇を君主として押し上げる不可逆的な流れを生み出したのである。

また、幕府と対抗した雄藩、例えば薩摩や長州なども、当初から討幕を考えたり、幕府の存在を否定しようとしたのではなかった。彼らは国家の正当な構成員として、幕府の政治を正すという名目で朝廷に接近したのだが、それが天皇の権威を押し上げ王政復古の流れを加速させていった。さらに、薩長以外の日和見的な諸藩、あるいは親幕府的な諸藩も、存在感を増す天皇・朝廷との関係を深めるべく競って上洛した。そこで、大名たちは参内《さんだい》して天皇と対面し、天盃《てんぱい》を受ける行為を通じて、天皇という身体を新たに発見した。参内を通じて天皇と距離を縮めることは、ひとつの流行になり、他に遅れまいと参内する大名たちは、あたかも天皇への忠誠競争に投げ込まれたかたちとなった。全体として見れば、このような藩（大名）の行動が、王政復古の大きな流れを創り出していったことは否定できない。

そして、討幕派と言われる少数の人びと（藩士と公家の一部）は、より目的意識的に天皇を政治君主として利用しようとした。事件としての王政復古政変は、これら少数派が中心となって断行したものである。しかし、それだけで明治維新による天皇統治が生み出されたわけではない。一二月九日の政変自体は、その前から存在した王政復古へと向かう流れのうえにあり、また、政変後の天皇の姿はいまだ宮中の厚いベールに包まれていた。政変は王政復古の政治過程において、一大画期であったことは疑いないが、それだけで完結するものではなく、いってみれば通過点だったのである。

つまり、王政復古とは、意図しなかった行動も含め、諸々の政治勢力が創り出した、近代天皇を生み出していく流れとして捉えることができるだろう。討幕派が否定し、対立した将軍（幕府）や会津藩、またその他の諸勢力が織りなす行動も、知らず知らずにひとつの地点、王政復古に向かって合流していったのではないだろうか。

本書は右の仮説をもとに、通常の討幕派のみに視点を据えた政治史とは異なる視点を用意する。政局の動向も押さえつつ、復古の君主像（第一章）、宮中参内という儀礼が生み出す政治の転換（第二章）、政治君主としての天皇の登場（第三章）、以上の三つの視点を切り口として、王政復古、ひいては明治維新の一端を捉える試みである。また、全体を通じて、幕末政治の基本的な流れがわかるようにも配慮してある。

政治君主の祖型

では、右の三つの視点について、最初に少し説明しておきたい。まず第一章は、近代の政治君主である天皇の祖型が、同時代の意外なところ、幕末の将軍にあったという見方を示したものである。一般に将軍・幕府は、明治維新によって否定されるべき対象、時代遅れの存在と受け止められがちである。しかし、じつは幕末の将軍も時代の流れに対応して変革を強いられていた。そこで示された新しい君主像は、近代に見られる君主の、ある要素を先取りしたものであり、のちの天皇を考えるうえでも無視できないものであった。例えば、「図序―1」に注目したい。これは、幕末文久三年三月におこなわれた一四代将軍徳川家茂《いえもち》の上洛を描いた錦絵である。当時、上洛に合わせてこの類の膨大な数の錦絵が出

図序―1：歌川芳虎「東海道　藤枝」（国立国会図書館デジタルコレクション）

版された。画像のなかの、将軍に擬された馬上の人物と、それに向けられる沿道の無数の視線に注目したい。本来、江戸時代を通じて、商売目的で現実の政治を題材にしたり、実在の将軍や高貴な人びとの姿を描いたりすることは慎重に避けられた。それを考えると、沿道の視線の存在も合わせ、この錦絵のなかには時代の転換を象徴する何かが存在している。

江戸城の奥深く、姿を見せずに御威光の支配に安住していた徳川将軍は、ペリー来航以後の外圧に対応し、国内政治を主導するために政治君主としての姿を見せはじめた。それは、近世を通じて禁裏御所の奥深くに存在し、王政復古を経て国家の先頭に立つべく変貌した天皇と似た条件下にあったように見える。はたして近代天皇はまったく無から新たな君主像を形成したのだろうか。第一章は将軍と天皇は別ものという通念に疑問を投げ掛けたものであり、この問いは本書を最後まで貫くものでもある。

なぜ小御所に藩士がいるのか

つぎは、宮中を舞台とした参内という行為と、政治君主としての天皇の登場についてである（第二章・第三章）。ここで、高校の日本史教科書などに掲載される機会も多い図序—2を見てもらいたい。神宮外苑の聖徳《せいとく》記念絵画館が所蔵する、島田《しまだ》墨仙《ぼくせん》による「王政復古」図である。本図は、慶応三年一二月九日夜の小御所会議を描いたものとされる。そこでは、徳川慶喜の処遇をめぐり、宮中にある小御所の中段（同所は上・中・下段に分かれる）において、前土佐藩主の山内容堂《やまうちようどう》（中央左）と公家の岩倉具視《いわくらともみ》（中央右）が激論を交わす場面が描かれている。そして、上

図序—2：島田墨仙「王政復古」（聖徳記念絵画館）

段の御簾《みす》の向こうには、元服前の若き天皇の姿が描かれる。さらに、下段（画面手前）に描かれているのは、薩摩藩の大久保利通《おおくぼとしみち》など政変に参加した、五藩を代表する藩士である。言ってみれば、本図は王政復古政変という事件の一場面を、瞬間的に切り取った図と評してよいだろう。しかし、この図の舞台設定をじっくり観察すると、さまざまな疑問が生まれてくる。

例えば、設定では中段の岩倉を含む右側に居並ぶのは、新政府に参加予定の皇族や公家であり、容堂側に並ぶのは雄藩の藩主・隠居・世子《せいし》（跡継ぎ）など武家を代表する人びとである。禁裏御所というのは、江戸時代に限って見ても長い慣習と伝統に彩られた空間であった。そのなかで、小御所という場所は、政変当日の会議によって歴史上名高いが、本来そこは格式ばった儀礼の空間であり、武家と公家両者が議論をおこなうような場所ではない。この場所になぜ、容堂をはじめとした武家領主たちがいるのか、この日が初めてなのか、また、彼らの参入はいかなる事態を意味しているのだろうか。

さらに、容堂の服装も気になるところである。容堂の背後に居並ぶ武家は、いずれも束帯につぐ衣冠《いかん》という儀礼性の高い装束で描かれている。対して容堂は、長上下《ながかみしも》と呼ばれる、宮中への参内では通常用いられない、上流武家の礼装であり、衣冠にくらべての略服にあたる。このような姿で小御所の中段に座すのは異例である。そこには、いかなる事情が存在したのだろうか。

そして、中段の敷居を境として、手前に見える四人ほどの武家は、先にも触れたように藩士たちであるが、彼らは朝廷から見て、臣下の臣下、つまり陪臣《ばいしん》と呼ばれる身分の低い人びとである。大名などと異なり官位もなく、衣冠などの装束を着すことはできない。したがって、武士一般が着す麻上下《あさかみしも》（長上下に較べて袴が短い）姿で描かれている。しかし、重要なのはそこではない。藩士たちが小御所という空間に存在していること自体に注目しなくてはならない。本来ならば、彼らは身分的に見て、神聖なる宮中に足を踏み入れることはできない人びとであった。この政変の前後で、明治維新を推進したこれら藩士レベル（主として下級武士）の人びとを取り巻く環境はどう変わったのか、変わったとすれば、それは何を意味するのか、この一枚の絵からだけでも考えるべき問題は多いのである。

そして、最後に御簾ごしに描かれる天皇である。王政復古をもって天皇政治が復活したと考える戦前以来の歴史観から見れば、この場に天皇が存在することは必要不可欠である。戦前に編纂され、現在の研究者にも必見の文献である『岩倉公実記』や『明治天皇紀』には、天皇が出御《しゅつぎょ》（出席）したなかで小御所会議が開催されたことが書かれている。それに対し、近年では、小御所会議の場に天皇はいなかったと指摘する研究がある。また、政変参加者の回想のなかにも、やはり天皇の出御を否定するものが見られる。自明とされていた歴史的事実に疑問符がついているのである。天皇が親政《しんせい》（自ら政治をおこなうこと）、すなわち万機《ばんき》親裁《しんさい》をおこなう空間は、いつどのように形成されたのだろうか。

総じて言えば、この描かれた光景を理解し、その意味を解くには、政変という「事件」を追うだけでは足りない。一〇年以上にわたる幕末期の宮中儀礼の展開、天皇に接近しようとする武家勢力とそれを遮る力との攻防、そして、ついに歴史の表舞台に登場した天皇という政治君主の姿、これらを第一章と合わせ、包括的に王政復古という現象を論じるのが本書である。

二一世紀の今日、世界と日本の人びとは、行き先の見えない不安な時代を生きている。人びとは困難を前にさまざまな情報を収集し、自分なりに理解しようと努力する。しかし、時にまったく予想できなかった事態に茫然とすることも近年では希《まれ》でなくなった。おそらく、ペリー来航以後の幕末を生きた人びとのなかで、その最終段階になるまで、幕府が消滅すると予想した人など、ほとんどいなかったのではないか。王政復古によって実際に誕生した近代の天皇の姿にしても同様だろう。

本書には、天皇以外に将軍、大名、公家、藩士、志士などさまざまなプレーヤーが登場する。彼らは、それぞれに自らの生涯を賭けて時代を生きた。彼らが織りなす意識的、あるいは無意識的な行動が合流して、やがて王政復古という太いうねりを生み出していくのである。歴史にあらかじめ用意された筋書きなど存在しないのだ。

※以下、史料の引用に際しては、読みやすさを考慮し、原則として読み下しとし、句読点なども適宜手を加えた。また、必要に応じて括弧で注記を補った。

目次

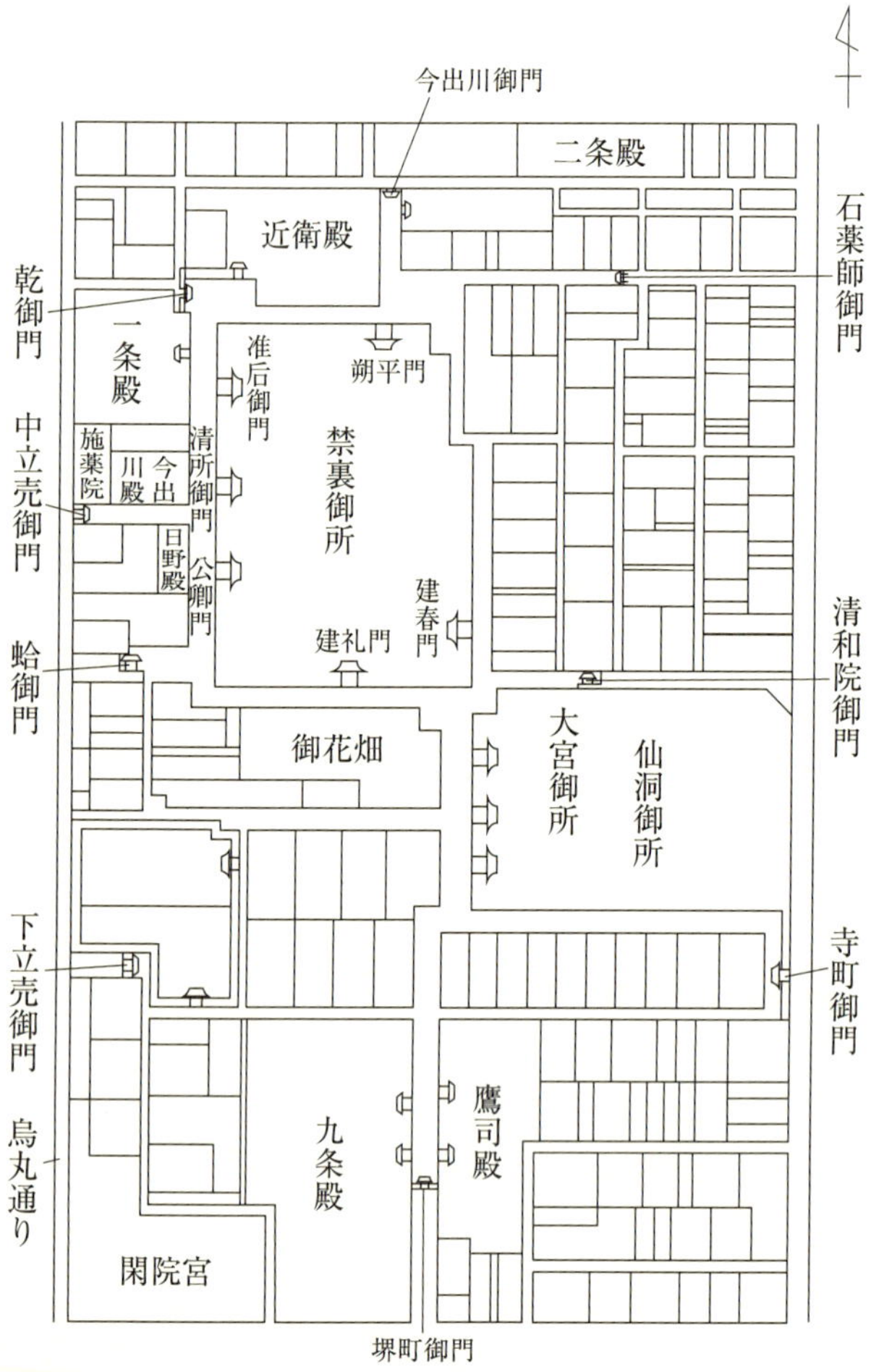
今出川御門
二条殿
近衛殿
石薬師御門
乾御門
一条殿
准后御門
朔平門
禁裏御所
中立売御門
施薬院
今出川殿
清所御門
日野殿
公卿門
建春門
建礼門
蛤御門
清和院御門
御花畑
大宮御所
仙洞御所
下立売御門
寺町御門
鷹司殿
九条殿
烏丸通り
閑院宮
堺町御門

九門内図

第一章　将軍と天皇の交錯

——上洛から東幸へ

幕末の文久三年（一八六三）三月、一四代将軍徳川家茂は、三代家光《いえみつ》以来じつに二二九年ぶりとなる上洛を敢行した。それは、ペリー来航以後、権力基盤がゆらぐ幕府の再生を賭けて臨んだ一大事業であった。また、この上洛は、広範な地域の膨大な人びとに対し、国政の中心にある将軍の姿を提供した画期的な出来事となった。おそらく、歴代将軍のなかで、家茂ほど多くの人びとに姿を見られた将軍はいない。その時、国内では攘夷か開国かをめぐり政治は混迷し、将軍の存在意義や役割が厳しく問われていた。それに対応すべく、若き将軍が見せた権力者のスタイルは、王政復古への流れのなかでいかなる意味を持つだろうか。今から約一五〇年前の東海道で展開された、幕末史の転換点に注目する。

1　空前の質素と簡易を示す

「見える将軍」への転換

東海道を京都に向け、家茂が江戸城を出発したのは文久三年（一八六三）二月一三日であった。一般に将軍の上洛と言えば、多数の大名や旗本を率いて力を誇示する大行列を想像するのではないだろうか。実際、寛永一一年（一六三四）の三代家光の上洛では、江戸から多数の大名が従い、その人数は約三〇万七〇〇〇人を数えた（『徳川実紀』二、六三八頁）。将軍権力の強大さを見せつけるにふさわしい演出である。また、幕末に近い天保一四年（一八四三）におこなわれた一二代家慶《いえよし》の日光社参でも、一〇万人を超えた大行列だったとされる。

これに対し、家茂による文久の上洛は、将軍の出発以前に二、三の譜代大名が先発したのみで、将軍の一行自体は、限りなく徳川家の「大名行列」に近いものとなった。人数は、種々の史料で検討するかぎり、約三〇〇〇人から多くて四〇〇〇人前後であり、寛永期とは比較にならない少なさであった。これは、加賀前田家の参勤交代の人数に近く、同時期に上洛した水戸、仙台などの大藩は、将軍よりも大規模な行列だったという風聞が沿道で流れたほどである（拙稿「文久三年将軍家茂上洛の歴史的位置」）。

注目すべきは人数だけではない。幕府は将軍上洛の日限を具体的に決定して以降、上洛に際しては、昨今の物価騰貴、庶民困窮、下々の迷惑などを理由に、格別の省略と質素・簡易の趣意を徹底するように再三触れ、随行人数の制限をかけている。また、旗本以下随行者の服装や所持品にいたるまで、華美が厳しく禁じられるなど、行列の規模から行程、視覚的な要素まで、徹底した質素・簡易が追求された。

さらに、寛永一一年に先立つ同三年（一六二六）の家光上洛では、沿道の大名たちに道中の「巌石《がんせき》」処理、橋梁の新たな敷設、宿場整備など多大な負担を強いたが（『徳川実紀』二、三七四頁）、今回は宿泊については駿府城のほかは、通常の大名と同じく宿駅の本陣や沿道の寺院を利用するとし、本陣の御座所の修築や道・橋の修繕などは、放置できない部分のみ認められた（『続徳川実紀』四、三九〇〜四一一頁）。つまりこの上洛は、大規模で華麗さによって演出される将軍の「御威光」の原理とは、まったく逆のベクトルを指し示していたのである。

もうひとつ上洛の特徴として言えるのは、以下に詳しく見るように、将軍家茂が生身の身体をさらしながら京都に向かった点である。従来、近世を通じて将軍は、神のような他から隔絶した「見えない」存在であり、その姿を一般の人びとが拝することはできなかったと考えられてきた。しかし、近年では、早くは天保一四年の日光社参において、一二代家慶が積極的に沿道で民衆に姿を見せたことが指摘されるなど、再考すべき点が見られるようになっている（椿田有希子『近世近代移行期の政治文化』一一二〜一一三頁）。しかし、文久の上洛は、東海道という日本列島の中央を貫く大動脈を、将軍が広範囲に姿をさらしながら移動したという点で、やはり画期的であった。

はたしてそこでの将軍のあり方は、いかなる意味を持ち、時代の転換とどのように関係しているのか。まずは道中の将軍に密着したい。

歩行する将軍

以下では、家茂の上洛中の様子について、「昭徳院殿御上洛日次記《しょうとくいんでんごじょうらくひなみき》」（『続徳川実紀』四所収）、随行した老中水野忠精《みずのただきよ》の①『幕末老中日記』と②「御旅中日誌」（「水野家文書」首都大学東京所蔵）などを中心に用いながら見ていく。

家茂の出発当日の服装は、白敲《たたき》の陣笠（表が白、裏が金で、幕府の使番《つかいばん》などが用いるもの）、紋付の割羽織《わりばおり》に野袴《のばかま》という旅行に適した軽装であり、これが旅中の基本であった。そして移動手段は駕籠か歩行が主であり、馬上も少ないが見られる。具体的に示すと、家茂は出発日の二月一三日に、江戸の高輪《たかなわ》の手前、金杉橋《かなすぎばし》からすでに歩行を始め、そのまま、休息場である品川東海寺に入った。その後も川崎に向け六郷川（多摩川最下流）まで歩行している。

翌一四日は風雨が激しく歩行はなかったが、晴天ならば歩行したであろう。それは、雨の上がった翌一五日～一九日の戸塚～大磯～小田原～箱根～三島～吉原にいたるまで、連日歩行が見出せ、特に一九日の吉原から興津《おきつ》（現静岡市）の清見寺《せいけんじ》までは終日歩行したことからも推測できる。老中の水野は、駿河の由比宿《ゆいしゅく》（現静岡市）で、家茂から側衆《そばしゅう》を介して駕籠での供をゆるされ、御礼を言上《ごんじょう》している（水野日記①）。当時数えで三二歳だった水野は、一八歳の活発な将軍の歩行頻度に、音を上げたのかもしれない。

また、終日歩行した一九日の区間は、宿泊所である興津の清見寺をはじめ、富士が見える絶景の連続であった。そういえば、家茂は初日、江戸の名所であり、初代歌川広重の『名所江戸百景』でも描かれた蒲田の梅屋敷で小休している。水野日記②では、「蒲田北梅屋敷俄《にわか》に御小休仰せ付けられ、暫《しばら》く御休息」とあるので、家茂の意思により予定が変更されたことがわかる。さらに大磯でも、家茂自身の希望で、浜の景色を見るため行列は停止した（水野日記②）。

このような上洛のあり方を、同時代の記録も特筆した。例えば、明治四四年（一九一一）に刊行された会津藩の立場からする歴史書である『京都守護職始末』は、行列の「諸事簡易」に触れたあと、将軍について「其旅装亦《また》近臣と同一にして、時に或は徒歩せる等、其質素簡略実に空前の事なりとす」と述べている（七〇頁）。一般に、参勤交代において、大名が歩行することは珍しいことではなかった。しかし、大名と将軍では異なるというのが、当時の認識だったようである。『京都守護職始末』が、将軍が軽装で歩行する衝撃を「空前」と表現したことは、当時の人びとの感覚として、やはり重視しなくてはならないだろう。

沿道への配慮

前述のとおり宿泊所は駿府城を除き、本陣と寺院が使用され、新規の修繕などは制限するなど質素を標榜した。宿泊予定地は、事前の選定とともに、直前にも念入りに検分がおこなわれた。それにもかかわらず、つぎのような問題も発生した。

二月二八日に宿泊予定だった桑名の本統寺《ほんとうじ》を前に、家茂の側近から、同寺が陰気な様子であるとして宿所変更の要請が水野になされた。理由は、二五日に三河国吉田（現豊橋市）の龍拈寺《りゅうねんじ》に宿泊した際、座敷内がひどく陰気であり、家茂が不快に感じ、特に善処するように命じたことがあったからである。側近は同様の事態が起こることを心配し、急ぎ「外本陣」（脇本陣）への変更を要請したのである。そこで水野は目付に確認したところ、目付からは、同寺が将軍上洛のために普請をおこない、将軍の御座所も修理しているので問題ないという返答があった。水野は、寺側の準備にもかかわらず、急に宿所を替えることは、将軍の「不徳」にもなるとして変更しなかった（水野日記②）。その代わり、水野自身も念入りな検分に追われ、種々の対応を強いられた。これらも、質素・簡易方針にともなって生じた問題といえよう。

このように、時に将軍自身に我慢を強いるほどの沿道の負担回避は、幕府中枢部が重視したことだった。そのため、当初は海路蒸気船による行路が選択されたが、実施直前に文久二年（一八六二）に起きた生麦事件の賠償要求に絡むイギリス艦隊の動向が懸案となり、結局陸路になったという経緯がある。

沿道の疲弊について見れば、嘉永七年（一八五四）以降、大地震や風水害が諸国を襲い、東海道の各地に大きな爪痕を残した。さらに、文久期には、和宮《かずのみや》の江戸下向《げこう》の大行列が中山道《なかせんどう》を下り、また後述する幕府の文久改革により、大名妻子の江戸居住制が廃止された影響で、東海道や中山道を大名家の行列が夥《おびただ》しく通過した。そこに、追い打ちをかけるように今回の上洛計画が浮上し、それに前後して大名の上洛もおこなわれることになったのである。これらは、沿道各地に助郷《すけごう》による人馬負担を強いるものであり、領主支配の維持の観点からも、人心の動向は幕府の重大な関心事項とならざるをえなかった。

上洛に先立ち、文久二年九月に東海道の道筋検分がおこなわれたおり、勘定奉行の名代《みようだい》溝口某が、下々に難儀をかけたとの理由で差控《さしひかえ》を命じられたのも、内外への幕府の強い決意を示すものであった（「御上洛御用留」『千代田の古文書』2、二三頁）。

規制緩和の実態

このような幕府の姿勢は、行列通過に際しての大胆な規制緩和として現れた。従来、将軍が江戸市中を通過するおりは、人びとの生活に多大な影響を与えた。それは明治期につぎのように回想される。

当日は雨戸を閉《た》てゝ、二階などへは目張りをして、其上一切煙を挙げることを禁じてありますから、前晩に当日の飯を焚いて置いたものです、去来《いざ》御成りといふ前になると、黒羽織を着た同心（正しくは御徒《おかち》）が扇子を持つて、御払ひ〳〵と怒鳴つて通る、それを聞くと大屋だけが出て、溝渠板《どぶいた》の上に土下座をして、御通りを迎へた、他の者は一同家の内に謹慎して居る、御通りが済む、又同心が中通《なかどお》し〳〵といふのを聞いて、初めて往来が出来たものでした（『同方会誌』三、四四〜四五頁）。

類似の証言は多数あるので、同時代の人びとは、よほど強く印象づけられたのだろう。お成りでの規制は、将軍の御代を象徴するものであった。もっともそのような規制は、上洛直前の文久二年九月以降緩和されつつあった。さらに、この上洛に際しては、大坂・伏見・京都では、沿道の屋敷に「窓蓋」をする必要はなく、すべて平常通りにすること、また通行に際して人留め（通行止め）に及ばず、往来人は端で下座することが許された（『続徳川実紀』四、五一七頁）。

そして、出発前日には、道中の宿駅や村々では、貴人の出迎えの作法である盛砂《もりすな》（砂を円錐形に盛ること）をおこなったり、手桶などを差し出す必要はなく、人留めや、行列の先払いはおこなうが、旅人は横の小路に止め、「御行粧《ぎょうしょう》」（将軍の装い）を拝見させるように触れられたのである（同、五四七頁）。実際に、初日に家茂が高輪を通行した際には、規制も緩く旅人も易々と歩行できたと報じられた（『東西紀聞』一、一九九頁）。

また、これらの規制緩和は、時に強制力をともなった。二月一五日に一行が相模国の平塚宿に入ったおり、同宿ではあちらこちらの小路に、空き地や目障りなものを隠す目的で板囲《いたがこい》がされており、今回の趣意に反すると問題になった。これは領主である小田原藩主大久保忠礼《ただのり》の指示によるものであった。老中の水野は目付に命じて、大久保家と沿道の大名に対し、領内は平日の通り商売をさせること、路上の板囲なども無用である旨を伝達させた（水野日記②）。

しかし、同様のことはくりかえされた。尾張藩領の名古屋でも御三家の城下町として、同藩の指示により目隠しのため、板囲のほか戸を打ち付けたり、葦簀《よしず》を二重にするなどの措置をおこなったところ、将軍一行が到着する際に幕府の触によって、それらはすべて取り払われた。これらは「万事御寛大の御儀」とされたのである（『東西紀聞』一、二〇三〜二〇四頁）。

以上のような措置が、つぎに具体的に見るように、膨大な人びとが将軍の姿をはっきり捉えることを可能にした。十重二十重《とえはたえ》に築かれた舞台装置が外されていけば、生身の人間が現れてくるのは当然であった。

見物人の群集

将軍の身辺警備に当たった、武蔵国八王子を本拠とする八王子千人同心（幕府直属の郷士）は、この時期多くの記録を残している。それによれば、将軍が出発した日、江戸市中は自主的に家業を休み、道筋を浄《きよ》め、将軍が出発すると老若男女が平伏して整然と行列を迎えたとある（『横田穂之助日記　幕末における千人隊』〈以下『横田日記』〉、四〇頁）。そして、二月一七日に箱根を越えて三島の宿所に入ったところでは「此処《このところ》拝み人山の如し」、また駿府を出発し、一行が安倍川《あべかわ》を渡るおり、家茂は輦台《れんだい》（渡河のため多数の人足が担ぐ乗物）で渡ったが、「見物人群集」との状況が記される（『八王子千人同心井上松五郎　文久三年御上洛御供旅記録』〈以下『井上日記』〉、五〜七頁）。

前述のように、当初より歩行頻度が高かった家茂は、生身の姿をさらす機会が多くなったと推測される。もちろん、駕籠で移動したときもあったから、すべての人びとが家茂の姿を目撃できたわけではないだろう。しかし、駕籠か歩行かにかかわらず、「将軍を見る」

という体験に参加すべく各地で人びとが押し寄せたのである。

東海道の難所の一つとされる大井川渡河にあたり、家茂は輦台を利用したが、「上様白木造蓮代（輦台）、御側衆・老中・若年寄衆赤ぬり蓮代、此河原数万人々なり」と記録された（「（千人同心小山義春）御上洛供方万日記控」『多摩市文化財資料集　小山晶家文書』四〈以下「小山日記」〉、一八六頁）。このように、渡河地点は通常にくらべて、行列が一瞬停滞するため、格好の見物場所になったようである。

ちなみに、これに先立つ安政六年（一八五九）六月、東海道を西に旅した越後国長岡藩士である河井《かわい》継之助《つぎのすけ》は、将軍に献上のため江戸に向かう「宇治の御茶壺」の通過に遭遇した時のことを、つぎのように記している。

> 島田を立って、大井川の端に到る。既に御茶壺、御木像も渡る。公方様の御像、京より出来て上る由。勢い盛んなる事なり。宿の前にて手を附いて居る。御茶壺は問屋の前に在り、長持の由。川端の群衆数百人、川越し両岸にあり、大相《たいそう》なるものなり（『塵壺』、一八頁）。

右の将軍の木像とは、おそらく前年に死去した一三代家定《いえさだ》の追善供養のための木像であろう。外からは見えない「御茶壺」と木像にさえ、数百人の群衆が押し寄せたのである。河井は「御威光」の前に平伏した。それから、約四年後、同じ場所に生身の将軍が現れたわけである。

将軍家茂が大井川を渡るに際しては、身の安全を考慮してであろう、当初は周辺に船の供出が命じられ、一艘につき一〇〇人ばかりの人足が集められたという。そして、日の丸の旗を立て用意していたところ、将軍通過の際は目障りになるとして日の丸は取り払われ、結局輦台で渡ることになったという（『将軍上洛と八王子千人同心』、八五頁）。

また、二月二四日に浜松の手前、天竜川を船で渡河する直前、家茂は講武所剣鎗術隊の警備の状況を検分した。将軍の近くにいた千人同心たちも検分を受けたが、この地点でも「をびただし近村もの群集なす」と千人同心は記しているので（『井上日記』、八頁）、多くの人びとが家茂の身体を見た可能性が高い。

規制をはねのける

そして、二月二七～二八日の名古屋通過の区間は目撃談が多い。両日とも尾張の山崎、熱田、佐屋《さや》ではいずれも紺の割羽織に黄色の野袴で、青竹の杖を突いて歩行する家茂の姿が目撃されている。また名古屋の伝馬町《てんまちょう》では、敷居外の雨落《あまおち》まで拝見人が出ることが許され、三尺ずつ敷物を敷いて子供、老人を前に出した。そして、婦人は土間にいること、その他は皆中腰はだめで、「ヒツタリと居《スワ》り候様」との命がでた。また、「下に居らふ〳〵とは一声もこれ無く、尾州方役々所役人制するのみ」の状況であった（以上、『東西紀聞』一、二〇四〜二〇六頁）。

さらに、場所の特定はできないが、おそらく熱田から佐屋宿に至る区間であろうか、木に登って見物していた人間を尾張藩の役人が制したところ、「公辺（幕府）よりの附人来りて、くるしからず元の通り登り居よと、又木に登らせし」ことすらあったという（同、二〇六〜二〇七頁）。また、土手の見物人に対しても制止はなかった。本来、高貴な人物に対する上からの視線は厳に規制されるべきものであった。将軍通過に際して二階に目張りがなされたりするのはそのためである。そう考えると、尾張藩や沿道の領主の規制を押しのけ、進んでくる将軍一行は、一種異様な感を与えるのである。

熱田からは、佐屋宿を経由して、木曾川を尾張藩の御座船に乗り、約三里の距離を桑名へ下った。家茂の御座船は二階建で、葵の御紋の幕を張り巡らし、赤地に金の葵の舟印を押し立てた。そして五艘の船をつなぎ、先導する船では、太鼓を打ち鳴らし、船頭らが舟歌を唄った。到着地点の桑名では藩主松平定敬《まつだいらさだあき》の迎えの船が出され、周辺に松明《たいまつ》がたかれた。桑名到着時の見物人はすさまじい多さであり、千人同心の井上松五郎は、見物人をのせた船が転覆し、多くの子供が溺死したとする（以上、「小山日記」一八七頁、『井上日記』九頁）。

「上洛劇場」が発した問い

最後の京都到着時も、寛永一一年の家光上洛と同様、大津から入京する将軍一行を拝見すべく人びとが押し寄せた。しかし、ここでは一つのハプニングが起こっている。それは、入京前日、攘夷祈願を目的とした朝廷の伊勢《いせ》宣命使《せんみょうし》（公家二人）一行が、翌日禁裏御所を出発するとの情報が入ったことによる。

京都所司代からは、勅使一行との鉢合わせを避けるため入京時間を早めるよう、将軍に随行する老中の水野らに書状が届いた。そこには、万一遭遇した場合は、将軍の駕籠を脇に寄せて降ろすようにとあり（「大日本維新史料稿本」文久三年三月四日の条）、不測の事態や面倒を避けようという配慮が働いていた。そのため、将軍一行は、夜半に急遽大津を出発し、慌ただしい入京となったのである。

急ぐ将軍一行を多くの人びとが拝見したが、なかにはこの予定変更のため、楽しみにしていた拝見を見逃す者も出たという。さらに、行列の一部は、三条大橋の近辺で勅使一行と鉢合わせになるのを恐れ、横町へ逃れ、行列がはなはだ乱雑なものになったともいう。

二日前に到着した仙台藩主伊達《だて》慶邦《よしくに》の行列の方が、華麗だったという感想も聞かれた（「文久御上洛記」「文久癸亥筆記」、以上、「大日本維新史料稿本」文久三年三月四日の条所収）。

そして、公家の山科言成《やましなときなり》という人物は、その日記に「今日大樹《たいじゅ》家茂上洛云々、伝聞するところ、質素なる行粧、万端謹慎し、天気（天皇の機嫌）を恐れ権威無く、静謐《せいひつ》なる上洛云々」と記した（「山科言成卿記」三三、宮内庁書陵部蔵）。勅使一行との遭遇を恐れ、洛中を静謐に進んだ質素な将軍一行は、朝廷関係者には、権威がなく見えたのである。

しかし、もともとこの上洛は、将軍権威を振りかざすためのものではなかった。しかもこのような「軽装の将軍」、「質素な将軍」の姿は、おおむね人びとには好評だったようである。

例えば、先の尾張在住と思われる人物は「人足は五千人位にて相済候よし、一昨年の奥様とは大違ひ結構なる旦那様なりといふ」と述べているが（『東西紀聞』一、二〇五頁）、言うまでもなく和宮降嫁の際の行列と比較しての評判である。また、将軍より二日遅れで江戸を出発した水戸藩主の徳川慶篤《よしあつ》が、過剰とも言える警備によって、あたかも「囚人駕籠」のようだと人びとに嘲笑され、かつ供は旅籠《はたご》代をも踏み倒したなどと報じられたのと（同、二二九頁）対照的であった。

この江戸出発から京都到着まで、二二日間にわたってくりひろげられた上洛は、まさに

「上洛劇場」というに相応《ふさわ》しいものであった。それは、いかなる筋書きと狙いをもって演出されたのか。ここには、将軍とはいかなる存在か、また、真に将軍を権威たらしめるものとは何かという、この時期特有の論争的な問題が横たわっていたのである。

2 転換点の将軍家茂

徳川家茂について

ここで、あらためて将軍家茂（図1―1）と、この上洛の背景を説明しておきたい。一般的に、家茂は皇女和宮を正室に迎えたことで知られるが、紀州藩主徳川斉順《なりゆき》を父として、弘化《こうか》三年（一八四六）に赤坂の紀州邸に生まれた。四歳で紀州藩主となり、将軍になったのは安政五年（一八五八）、一三歳のおりであった。そして、慶応二年（一八六六）に長州戦争の最中、大坂城で二一歳で死去している。家茂が歴史上に登場するのは、ペリー来航以降に持ち上がった将軍継嗣問題である。一三代将軍家定の後継者として、薩摩藩主島《しま》津斉彬《づなりあきら》や越前藩主の松平慶永《よしなが》（のち春嶽《しゅんがく》）などの有志大名は、前水戸藩主徳川斉昭《なりあき》の七男である、一橋慶喜の擁立をめざした。その前に立ちふさがったのが、将軍家定と血統が

図1—1：徳川家茂（川村清雄筆）（徳川記念財団蔵）

近い、従兄弟の関係にあった紀州藩主の徳川慶福《よしとみ》、すなわち家茂であった。

　この継嗣問題はよく知られるように、日米修好通商条約の調印問題と絡み合いながら展開した。一橋派は開国による強国化を実現するため、彼らが有能と考えた慶喜を中心に据えた、幕府の改革を企図していた。それに対し、大老の井伊《いい》直弼《なおすけ》らは、慣例にのっとり血統を重視することで幕府と国内の人心をまとめ、危機を乗り越えようとした。結局、将軍家定の意向と直弼の補佐により慶福は順当に継嗣となった。その過程で、強引に慶喜擁立をめざした一橋派は、直弼らによる無勅許の条約調印を批判し、さらに慶福の継嗣決定の公表を阻止すべく不時登城をおこなったことで処罰された。それに対し、水戸藩士らの朝廷への働きかけによって、条約の再考を命じる「戊午《ぼご》の密勅」が水戸藩に降下すると、それを機に直弼による一橋派などへの弾圧がおこなわれた（安政の大獄）。

将軍家定は継嗣決定直後の安政五年七月六日に死去しており、一二月一日に家茂が新たに一四代将軍となった。その後、桜田門外の変で井伊直弼が倒れると、幕府は積極的な公武関係の修復と、安定した政治秩序の構築をめざし、和宮降嫁を推進した。

衰微する幕府権力

しかし、和宮降嫁は政治的な安定にはじゅうぶん寄与しなかった。家茂と和宮の婚儀を直前に控えた文久二年（一八六二）正月一五日には、老中安藤信正《あんどうのぶまさ》が江戸城の坂下門外で襲撃される事件が起こった。幕府の対外政策や和宮降嫁への反発が背景にあった。

依然として公武関係が安定しないなか、停滞した空気を打ち破ったのが文久二年四月の島津久光《ひさみつ》の率兵上洛と、洛中の治安権限の掌握、朝廷・幕府人事改革プランの朝廷上層部への提起という事態であった。それは、従来の公武関係を一変させるきっかけとなった。

朝廷は久光の建言に従い、文久二年五月に勅使大原重徳《おおはらしげとみ》に江戸への下向を命じ、幕政改革を迫った。幕府は先手を打ち、大獄で処罰された松平春嶽や一橋慶喜などを復権させ、春嶽を幕政に参与させた。時に家茂は一七歳で、自ら政治を執りおこなうべき年齢だったが、大原が持した勅命により、春嶽が政事総裁職に、一橋慶喜が将軍後見職として家茂を補佐することになった。それ以後本格的に展開されたのが、幕府の文久改革である。

一方で、薩摩藩の登場は、同じく国政進出に関心を持つ大名たちを刺激した。特に、薩摩よりも早く、文久元年（一八六一）五月に「航海遠略策」をもって、公武間に周旋を試みた長州藩は、政局に大きな影響を与えた。久光の上洛のあと、同藩は、「開国論」と一般に捉えられていた「航海遠略策」から一転して「破約攘夷」、すなわち条約を破棄して、外国との戦争も辞さない方策を推進した。そして、朝廷も、関東に攘夷を命じる勅使の派遣を決定した。文久二年一〇月下旬に勅使三条実美《さんじょうさねとみ》と姉小路公知《あねがこうじきんとも》が江戸に到着し、一一月二七日に登城して勅命を伝達すると、幕府は将軍家茂の名前で、攘夷実行の承諾を余儀なくされた。

支配原理の転換

ところで、家茂のもとで断行された幕府の文久改革は、将軍上洛とも密接な関係を持っている。この改革に大きな影響を与えたのは、政事総裁職の松平春嶽（徳川御三卿のひとつ、田安家の出身）であった。春嶽は、幕府単独による政策決定や、幕府支配のための政策を「幕私」と呼んで否定した。そして、朝廷を尊崇し、諸藩（大名）と協調することで挙国一致を実現し、日本の強国化をめざすことを主張した。天皇を明確に国家の中心に位置づけ、既得権益に染まる今までの幕府を改革し、新時代に対応する政治を実現しようとしたのである。それは幕府の自己否定をともなうため、内部でさまざまな対立が起こったが、それでも改革は断行された。

具体的には、参勤交代制度の緩和（三年に一度）、大名妻子江戸居住制の廃止などの制度改革や、近代的陸海軍整備などの軍制改革が知られるが、特に江戸城に君臨する将軍の「御威光」を演出する仕組みに、大胆にメスを入れた点が注目される。将軍を頂点とした身分秩序を担保するための、重々しい儀礼に変化がもたらされた。

長いあいだ、将軍は江戸城で種々の儀礼を通じて大名の拝礼を受け、君臣関係を維持してきた。しかし、富国強兵と実用主義が前面に押し出され、経費削減、虚飾廃止の掛け声のもと、江戸城に旗本諸役や大名たちが登城するおりの行列の削減が命じられ、駕籠ではなく、騎馬での軽装登城などが推し進められた。それと連動して、殿中でも服装の簡略化が進み、例えば儀式における長袴（後ろに長くひきずる袴）が廃止されて短い半袴となり、通常の殿中では、「平服」として、継上下《つぎかみしも》から羽織・袴への転換がなされるなど、簡易と実用性が徹底的に追求された。さらに、大名の定例の登城日や重要な式日《しきじつ》が一部削減され、参勤交代制度の緩和とあわせ、将軍と大名の君臣関係を確認する場が減少した。

これらの改革は、見方によっては儀礼を中心とした「御威光」の体系を、幕府自身が実用性と挙国一致を優先することで破壊したに等しい。

「権威」から「国事の将軍」へ

江戸時代を通時的に見たとき、大きく見れば、四代家綱《いえつな》以降の将軍は、江戸城に居ながらにして将軍宣下を受けてきた。神祖家康の霊廟を参拝する日光社参を除いて、江戸を出ることはなくなった。江戸城に君臨するだけで、支配を維持してきた将軍は、「権威の将軍」と呼ぶに相応しい。対して、家茂の時期は、近世後期以来、幕府が政権担当者であることを正当化していた大政委任が自明のものではなくなっていた。将軍は、政権を掌握するために、外国から国家を防衛するためのリーダーシップを発揮しなければならない。政治の先頭に立って諸問題を解決する能力と行動が求められた。かつて、一橋派が必要と考えた、国難に対処できるリーダーとしての将軍であり、まさに「国事の将軍」というべき存在であった（拙著『幕末の将軍』）。

そして、この改革と不可分のものとして春嶽が強く主張したのが、三代将軍以来絶えていた将軍上洛である。それは、前述のような国家の中心に天皇を位置づけることを示すためにも必要であった。実際に将軍が天皇に対して臣下の礼をとり、今までの「失政」を直接詫び、以後丁寧に相談しながら政治をおこなうことは、春嶽ばかりでなく、長州藩などの雄藩も求めていた。幕府は、文久二年六月に上洛を予告し、同年の九月には、翌文久三年二月が出発予定であることを触れたのである。

外国人の観察

この将軍上洛が、文久改革の理念に沿ったものであることは、日本に滞在していた外国人も的確につかんでいた。例えば、横浜の外国人居留地で発行された外字新聞『ジャパン・ヘラルド』の記事、「日本の政治の動向」（一八六二年一一月二二日付）に注目したい。それは、文久改革を「長年順守されてきた法と習慣に対する正に革命とも言うべき変化」と捉え、参勤改革令の与えた影響を述べるなかで、将軍上洛についてつぎのように報じている。

該当部分を少し長いが引用しよう。

（前略）大君《たいくん》は以前のように大名の城にではなく、市長舎（本陣―原文註）か寺院に宿泊しながら京都《ミヤコ》へ向かうだろう。大君が先日越前春嶽を供に浜御殿（臨海庭園―原文註）を訪問したことについては既に報じた。その庭園は現在取り壊され、軍隊の閲兵場、練兵場として改造されている。かつて大君が外出するときには、街道沿いの店舗や民家は軒並み閉鎖され、役人たちが戸口を封印したものだが、このときの大君の外出の際にはそのような措置が初めて廃止され、大君は一介の大名と同じくわずか6人の従者を引き連れただけだった。大君が旅行する際、これまで長年にわたって、その通行予定の街道、橋をいっさい取り壊して完全に新しく造り直すという習慣があった。大君の威厳にとって、既に荘厳さに劣る者たちに踏まれたところを旅行することは許されなかった。そして大君の行列が通り過ぎたあとは再びまたその道が作り直される。大君の歩いたあとをだれも歩いてはならないというのが理由だ。きたるべき大君の巡幸にはこうした習慣はすべて廃止され、単に街道や橋を修理するにとどまるという。例えるなら急流の中のわらとも言うべきこうしたささやかなできごとが、これからの流れを示しているとも言えよう（『外国新聞に見る日本①』、二五八頁）。

ちなみに、家茂が松平春嶽をともなって浜御殿に臨御《りんぎょ》したのは、文久二年九月三日であり（『越前松平家家譜　慶永3』）、『続徳川実紀』四によれば、そのおり家茂は目的地まで乗馬であった。右の新聞記事のなかには、あるいは誇張した部分があるかもしれないが、核心的な部分に誤りはないだけでなく、将軍権力のあり方に巨大な転換が起こっていることを明確に示唆していたのである。

命を捨てる覚悟

もちろん、将軍が非常なる軽装で、陸路を京都に向かうことについては、幕府内部でもさまざまな議論があった。文久二年の六月に上洛が予告される前から、幕府内部では根強い反対論が存在し、反対派は巻き返しを図った。その論拠は、軽装で上洛する将軍への警備上の懸念、また、軽装の上洛は諸藩の笑いを招くなど、御威光保持の観点からのものなどである。

これに対し春嶽（図1―2）は七月に幕閣に呈した意見書において、今回の上洛は迅速に手軽におこなうことによって、公武合体と政治改革の信義を天下に示せるのであり、二○○年泰平の旧習を脱却し、「日本国を興さるへき憤発勇鋭、御身を以て先きたゝせられ候御盛業」を示すことを求めた（『再夢紀事・丁卯日記』、一六七頁）。つまり、将軍は日本国勃興の先頭に立てという主張である。

図1―2：松平春嶽（福井市立郷土歴史博物館蔵）

春嶽の側近である中根《なかね》雪江《せっこう》は、人が信義を得るための究極のおこないは、命を捨てることであり、この上洛はまさにそれに当たる。危険を冒し難事をおこなってはじめて朝廷と天下の信を得ることができるとまで述べた。まさに、命がけの上洛を将軍に強いる覚悟である（同、一七〇〜一七一頁）。

加えて、この時期春嶽のブレーンを務めた熊本藩士である横井小楠《よこいしょうなん》も、神祖家康の時代の質素な上洛を持ち出し、簡易・質素の上洛は、国家の経費を減らし、天下に範を示し、旗本の泰平の迷夢を覚醒させる意義があると老中らに説いたのである（『続再夢紀事』一、二八頁）。

将軍上洛のあり方は、当然ながらその目的や意義と連動する。一八歳の将軍が断行したこの上洛を、単に攘夷実行のためだとか、公武協調のための儀礼的行為と考えてはならない。質素・簡易という上洛のあり方自体に、政治的な目的が反映されており、そこには、江戸城を動かず君臨する将軍像の劇的な転換がはらまれていた。将軍の生き残りをかけた「国事の将軍」による上洛は、その意味で目に見えるものでなくては意味をなさなかったのである。沿道でくりひろげられた「上洛劇場」は、このような筋書きによって展開された。

3　新たな君主像の誕生

浮世絵専門店に山積みされた錦絵

では、人びとはこの将軍上洛をいかなるイメージにおいて把握したであろうか。たしかに将軍を見た人びとは無数にいた。しかし、沿道各地で展開された個々人の拝見体験は、孤立分散的で全体像を結びづらい。上洛に対するある程度共通したイメージを構成するには、個々の拝見体験だけでない、メディアのような一定のイメージを生み出す媒介を必要とする。ここで取りあげるのは、上洛を描いた大量の錦絵である（以下「上洛錦絵」と表記する）。

まず、筆者の個人的体験に触れてみたい。二〇一〇年の秋頃のことだが、神田神保町の浮世絵専門店にはじめて立ち寄ったおり、上洛錦絵が山積みされていたことに驚きを覚えたことがある（口絵1）。当初、筆者には、それが幕末に出版された実物であることが、容易に信じられなかった。なぜならその値段は、若干の背伸びをすれば購入できるものだったからである。筆者は通常文献史料（古文書や史料を翻刻した刊本）を用いて研究をおこなっている。その場合、実物の古文書は、史料収蔵機関において厳重に管理されており、研究者個人が所有したり、購入する可能性は多くはない。その感覚からすれば、購入可能な幕末の錦絵という「歴史史料」が何とも衝撃的だったのである。

現在も専門店の販売目録のなかに、上洛錦絵のいくつかが必ずといってよいほど出品される。それはすなわち、上洛錦絵が膨大に摺られて流通したことを示しており、それだけに残存量が多く、比較的廉価で市場に出まわるのだろう。

この上洛に際し、江戸の版元《はんもと》（絵師の選定から絵柄の注文、制作、販売まで幅広い権限を持つ）と絵師は、まるでテレビカメラを回すように、将軍の江戸出発から海路による江戸帰還までの動きを追跡し、それを題材に、膨大な錦絵を出版した。人びとはこれを通じて、東西にまたがる列島で展開された、「上洛劇場」の興奮を追体験することが可能となったのである。また、錦絵は伝聞や文字とは異なる視覚的効果を持つことで、見る者に特定のイメージや世界観を与える。錦絵を制作した側は、いかなる将軍像を人びとに提供したのであろうか。

上洛錦絵の世界

上洛錦絵は大別して、将軍と行列（行列のみもある）を江戸市中や東海道、京都や大坂、周辺の名所に描き込んだもの、また、将軍参内などの公武間の儀式や催しを描くものとして捉えておきたい。しかし、そうはいっても、江戸時代は、権力批判につながりかねない文化的営みは自粛を強いられた。後述するように、徳川家に関わることや、それに関係する天正期（一六世紀後半）以後の歴史を題材とすることは禁じられており、将軍をあからさまに描くことはできなかった。したがって、権力側を忖度《そんたく》して上洛を示すようなタイトルは避けられ、「東海道〇〇之勝景」や「東都名所之内〇〇」のような名所絵（風景画）の形を取るか、あるいは源頼朝《みなもとのよりとも》の故事に置き換えられ、「建久元年源頼朝卿上京行粧之図」（口絵2）や、単に「頼朝公〇〇図」というように、歴史物の形を取ることが多かった。

その上洛錦絵は、大判《おおばん》竪一枚（約三六cm×二五cm）と言われるものと、それを三枚横につないでワイド画面を形作る三枚続《さんまいつづき》というものが中心となり、最初に出版されたのは、後者の三枚続であった。もっとも早いものは、実際の上洛がおこなわれるより前の文久二年（一八六二）九月である。対して、大判竪一枚による揃物《そろいもの》（シリーズもので、一枚ずつ売られる）は、上洛参内後の文久三年（一八六三）四月に一斉に出版が開始された。

便宜上、三枚続から見ておきたい。筆者が各種図録や実物、公開されたデータベースなどにより、現時点で確認しえた作品は五七点である。もっとも、前述のように上洛を題材にしたと明記したものはないので、上洛関係かそうでないかは、筆者の経験的判断に属す

年月日	数量
文久２年９月	2
10月	4
文久３年正月	1
２月	13
３月	9
４月	19
５月	4
６月	3
７月	1
不明	1

表1―1：三枚続の月別出版数

る。その指標はさまざまなものがあるが、あとでも述べるように、源頼朝や源氏を表す笹竜胆《ささりんどう》の紋を行列に組み込み、名所風景に配置したもの、または、陣笠・陣羽織姿の殿様（将軍に擬す）を同じく行列とともに名所のなかに描いたものであり、出版年月日（文久二年九月から翌年の半ばくらい）も指標となる。

まず、関わった版元は、確認できただけで三一を数える。ひとつの版元が複数制作している場合もあり、四点を最高に、他は一〜三点が大部分なので、上洛という主題に、より多くの版元が参入したことがわかる。絵師は九人が見出せ、もっとも多く描いたのが、横浜絵や鳥瞰図《ちょうかんず》などで有名な五雲亭《ごうんてい》（歌川《うたがわ》）貞秀《さだひで》（口絵2・3）で、全体の約五割を占めている。

さらに、月別出版数を示したのが、表1―1である。これを見ると、上洛実施前の文久二年九月〜翌三年正月段階で出されたものが七点見られるが、当然想像図ということになる。上洛期日が触れられたのが二年九月だったので、すばやい対応である。出版数が多いのは、家茂が江戸を出発する二月、京都に到着・滞在した三月〜四月であり、全体の七割を占めており、この点は報道性、速報性が重視されたことを物語っている。

大作シリーズ「御上洛東海道」

つぎに大判一枚について見てみたい。ここでは、「東海道名所風景」と題される揃物に注目したい（図1―3は、あとから画帖《がじょう》化のため制作された目録）。これは、「御上洛東海道」という通称で呼ばれるので、以下ではそのように呼称する。この揃物は、全一六二枚（一六三枚ともいわれる）という、当時では破格の枚数からなり、浮世絵界の中心である三代歌川豊国《とよくに》を中心とした一六人の絵師が参加し、複数の版元が参入した類例のないシリーズである。しかし、浮世絵研究の分野では、個々の作品の評価が高くないためか、本格的研究はきわめて少ない。

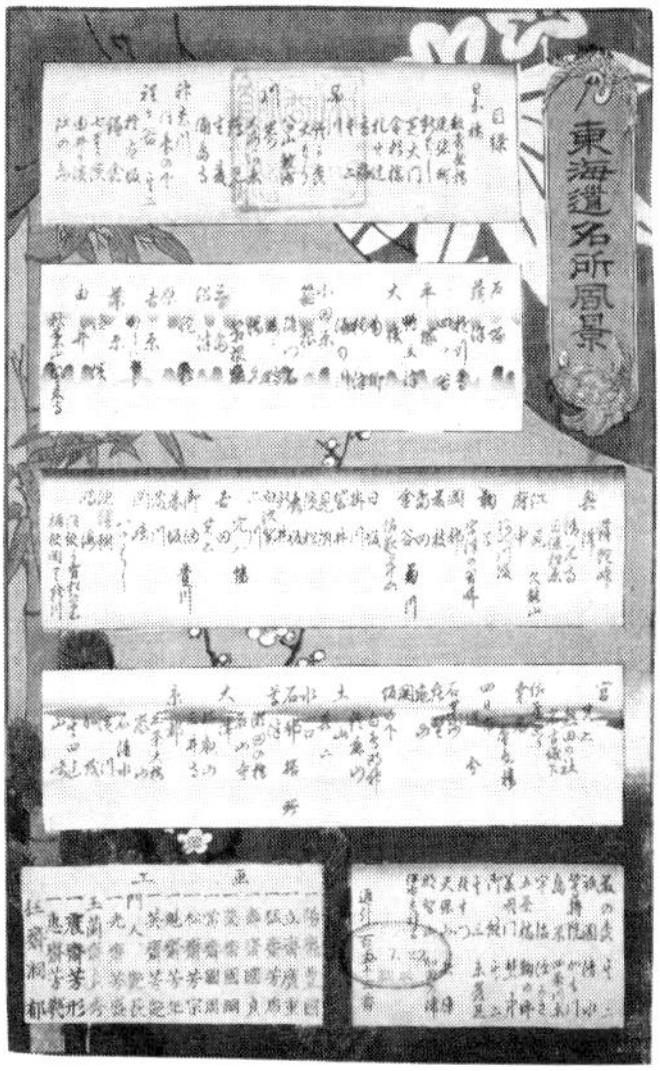

図1―3：「東海道名所風景」目録（国立国会図書館デジタルコレクション）

本シリーズは、外題《げだい》（タイトル）は「東海道○○」「東海道之内○○」のように、ほぼ統一されており、内容は将軍・行列と沿道の名所風景を基本に、さまざまな絵柄が存在する。本シリーズの基本的な点を、数少ない本格的研究・調査をおこなっている山本野理子氏のご教示に負いつつ集計したところ（補足として、豊橋市二川宿本陣資料館の展示図録『東海道名所風景』及び、筆者の調査結果も利用）、参加した版元は合計二五、そのうち先の三枚続と重複する版元は一七確認でき、全体の約七割に近いことがわかる。

つぎに月別出版数を見ると、文久三年四月が一〇一、五月が四二、六月が一五、七月が四枚である。これに表1―1の三枚続の月別出版数を合算すると、江戸では上洛を主題とした錦絵が四月だけで一二〇点も出版されたことになる。しかも三枚続を大判一枚に換算し直せば一五八点にもなる。

通常名所絵については、歌舞伎に取材した役者絵のように、短期間で爆発的に売れることはなく、長期間持続的に売れるものであると言われる。例えば、有名な初代歌川広重《ひろしげ》の「名所江戸百景」（大判竪一枚）も全一一八図の刊行が終了するまで、七年を要したことなどが指摘されている（大久保純一『浮世絵出版論』、八〇～八一頁）。それから考えれば、上洛錦絵が、名所絵の顔をまとった、きわめて異例なものであることがわかるし、将軍上洛に賭けた版元や絵師、購買者などによる、市中の熱気を感じさせるにじゅうぶんである。

政治と娯楽

この「御上洛東海道」というシリーズは、「東海道五十三次」などの系譜を引く「街道物」として捉えられることが多いが、単なる街道物ではない。その特徴を見ると、江戸の日本橋（実際は家茂一行は通過していない）から、武蔵国の端に位置する保土ヶ谷宿までは、通常の五十三次シリーズでは五枚に対して、本シリーズでは約五倍の二四枚である。それは、複数の版元と絵師が参加したことで、同じ宿場を扱ったものが多数生じたり、独自の絵柄を提供しようとして、通常あまり描かれない、宿駅間にある間《あい》の宿《しゅく》や立場《たてば》（休憩所）などを積極的に取りあげた結果である。

また、エリア別に見ると、京都と江戸、及び周辺の名所が多く見られ、かつ将軍一行が通過していない鎌倉、江ノ島、近江八景など街道周辺の名所が多く含まれることも点数を押し上げた原因である。つまり、庶民や武士など多くの購買者の視点に立ち、想像をふんだんにちりばめた、将軍上洛と名所遊覧を合体させた企画なのである。

その一方で、京都と周辺が三二点と図抜けて多いのは、やはり実際の上洛という政治の動向に関心が集まったからにほかならない。そのなかには、賀茂社《かもしゃ》行幸（三月）や石清水《いわしみず》八幡宮《はちまんぐう》行幸（四月）関係が七点、参内や宮中行事が六点など公武関係を題材にしたものが見られる。また、家茂が四月以降、台場視察などのために足を伸ばした大坂、兵庫、紀州の名所が存在することは、前述したように、報道性の要素が明確に織り込まれたことを示している。すなわち、膨大な錦絵を通じて、「将軍上洛」という想像上の空間が形成されていたのである。それは無味乾燥な文字ではなく、視覚に訴えるものであるだけに、さまざまなものを我々に示唆してくれる。

家茂はどう描かれたか

そこで、やはり第一に考えてみたいのは、将軍家茂を絵師はどう描いたかである。通常、将軍が錦絵にあからさまに描かれることはなく、さまざまなカモフラージュがなされた。なかでも、上洛錦絵を考える際もっとも重要なのは、将軍が源頼朝と重ねて描かれるパターンである。大久保純一氏によれば、当時、実在の武家の先祖や徳川将軍家について文章にしたり描いたりすることは、幕府によって禁止されており、『絵本太閤記』などに出てくる天正年間以降の武将の名前を書いたり、示唆する紋所などを描いたりすることも禁止されていた。そのため、摘発を避けるためにさまざまなカモフラージュがなされたという。したがって、将軍上洛を頼朝と重ねることも、氏によれば、右のような出版の法令を意識したやむを得ない措置であるが、一方で、将軍を武家政権の創始者である頼朝イメージに重ねる肯定的な意識もあったとする。そして、先の「御上洛東海道」でも多くは頼朝イメージに擬されているとしている（「頼朝のイメージと徳川将軍」、二九九〜三一〇頁）。

　そこで、右の指摘に学びつつ、「御上洛東海道」を分析した結果、一六二枚中、将軍と判断できる「殿様」が描かれているのは（駕籠しか描かれない場合は含めなかった）、八三枚あり、全体の約五割であった。もっとも、画中に「将軍」と表記されるわけではないので、見る側の判断に依存する点は勘案しなくてはならないが、服装や乗馬の際の馬（多くは白馬や、白と黒の斑で描かれる）の描かれ方でおおよその見当はつく。

図1—4：歌川芳艶「東海道之内　江戸芝新ン橋」（国立国会図書館デジタルコレクション）

　その内、頼朝として判断する指標とされる、源氏を示す笹竜《ささりん》胆《どう》の紋に、朱傘を差し掛けられた烏帽子《えぼし》姿の将軍を数えると、八三枚中一一枚と、二割に満たないという結果だった。多くは、陣笠（菅笠《すげがさ》）、羽織（陣羽織も含む）・袴など、実際の家茂の旅装に近い姿で描かれているのである。また、たとえ頼朝を暗示する笹竜胆の紋が随所に見られても（旗印や幔幕《まんまく》などに見られる）、鉄砲などを所持する行列のなかにいる、陣笠・陣羽織姿で描いた将軍を頼朝に見立てる意図があったとは考えにくい（図1―4）。版元・絵師は「徳川将軍」をそれらしく描いたというほかかない。

出版法令を意識したか

念のため三枚続でも見ておこう。こちらはタイトルのつけ方に大きく二つの傾向がある。ひとつは頼朝に仮託するかたちをとるもので（「右大将頼朝公〇〇」「源頼朝公〇〇」など）、五七点のうち一七点見出される。これを頼朝型と便宜的に呼ぶ。もうひとつは、「東海道〇〇勝景」のような名所絵風のタイトルを付すもので、三四点見られるが、これを名所型と呼ぼう。

まず、頼朝型を精査すると、一七点のうち、実際に将軍が頼朝を連想させる烏帽子姿で描かれているのは六点あり、陣羽織姿で描かれているものが一点、あとは束帯や衣冠など禁裏への参内を意識した装束などである。つぎに名所型を調べると、三四点のうち、将軍が陣笠・羽織・袴などの旅中の姿に近いもの（江戸時代風俗）で描かれたものは一六点、逆に頼朝を表す烏帽子姿が一点、他は束帯・衣冠である。

以上を見るかぎり、頼朝型では実際に将軍は頼朝風に描かれる傾向があり、名所型では、実際の将軍の姿に近い、江戸時代風俗で描かれる傾向があることがわかる。他に、五七点中、タイトルが頼朝型でも名所型でもないものが六点あるが、結論として、名所型＝陣笠・羽織姿で描かれた将軍が他を圧倒すると言える。

ちなみに、この三枚続の錦絵が出版された全期間を通じ、頼朝型と名所型の出版数をくらべたとき、後半にやや名所型が多くなる傾向が見出されるものの、両者ともほぼ万遍なく見られる。つまり、将軍を頼朝と重ねる表現・出版方法は、はたして先に述べたような、出版に関わる法令を意識したものなのかという疑問が生じるのである。それについて、例えば二代歌川国綱《くにつな》が、文久三年二月に「源頼朝公上京之図」（口絵4）（将軍は烏帽子・狩衣姿）と、「東海道神名川横浜風景」（口絵5）（将軍は陣笠・羽織・袴で白馬に乗る）という、ともに三枚続の作品を同時期に制作していることが注目される。もし、出版法令を意識したならば、一方は、頼朝型で描きながら、他方は名所型で描く矛盾が説明できないように思う。

つまり、将軍を頼朝に仮託して描いたのは、主としてそれ以前からの慣習で、広く社会に受け入れられていたことによるのだろう。また、三枚続のなかには、画中に「源頼朝公」とわざわざ明示しながら、陣羽織姿の将軍を描いた例も見出せる。それは、出版法令が形骸化して、単に約束ごととして頼朝の名を冠す習慣が存在したことを示している。

ちなみに、この将軍をありのまま描いた錦絵が幕府の摘発にあったという記録は、いまだ知らない。推測をたくましくすれば、この上洛が沿道に質素な将軍の姿をアピールするものであれば、その姿が描かれることは、幕府にとっては否定すべきことではなかったのだろう。この「上洛劇場」は、庶民世界へと広く開放されていたのである。

馬上で描く意味

そして、錦絵はあくまで商品として、商売目的で作られる。そこに権力側の特定の意図やイメージ操作は存在しない。一部に、幕府は上洛に浮世絵師を随行させ、行列を描かせたという説があるが（福田和彦『東海道五十三次　将軍家茂公御上洛図』、一三五頁など）、今まで史料的な根拠が示されたことはない。すでに述べたように、上洛錦絵の多くは、現実をデフォルメした想像図で、一般的な江戸や東海道の名所の図柄を転用したものも多い。むしろ、それが商品として売れる条件であった。

しかし、なかにはいくつかの新機軸を見出すことができる。特に注目したいのは、この錦絵のなかに、将軍（と想定される対象）が馬上姿で描かれているものが多いことである。例えば先の「御上洛東海道」シリーズで見ると、将軍が描かれている八三枚中、馬上が四

○枚、歩行が六枚、駕籠（顔が見える）は三枚、その他床几《しょうぎ》に腰掛ける姿や御座船や輦台に乗るものは三四枚と、馬上が圧倒的である。実際には家茂は歩行か駕籠が主で、馬上での移動は相対的に少なかった。

そもそも、大名などは街道では相互の儀礼上の配慮もあり（相手の身分・階層により挨拶の作法が煩雑になる）、馬に乗ることはなかったという観察もあり（『ヤング・ジャパン』1、一五○～一五一頁）、幕末期に広島藩世子であった浅野茂勲《あさのもちこと》も、明治期の回想において、参勤途上の馬上通行は、相当に珍しいことであったと語っている（柴田宵曲《しばたしょうきょく》編『幕末の武家』、四○～四一頁）。

馬上の武士が描かれる例としては、それ以前に大名行列を描いた絵画や、朝廷・幕府関係者、朝鮮通信使などの行列を描いた摺物《すりもの》（非合法の絵入り版画）などがある。しかし、錦絵に大名行列が描かれる場合、殿様らしい人物が馬上や歩行姿であからさまに描かれる例は多くはない印象を持つ。少なくとも、この短いあいだに、錦絵の名所風景のなかに、単に行列だけでなく馬上の殿様（将軍に擬す）が、これほど多く描かれたことは注目される。上洛錦絵は、もはや、新しいスタンダードを世に送り出したといってもよいのではないだろうか。

単純に商業的観点からすれば、馬上の将軍を描くことは、構図を華やかにする工夫であるとともに、将軍をめだたせる効果があろう。しかし、それだけで片づけられない問題、すなわち、ひとつの時代の転換を暗示しているようでもある。

新しい図像の創出

三枚続を例にとると、いまだ上洛がおこなわれていない文久二年の一〇月に出された作品のなかに、すでに菅笠に羽織・袴姿の馬上の将軍が描かれている。これはすでに指摘したように、実際の家茂の姿にきわめて近いのであるが、絵師はなぜ上洛がおこなわれる前に、このように描いたのだろうか、いや描けたのだろうか。

一般に、歌舞伎や江戸吉原での催し、寺社の開帳など事前に内容を予測できるイベントについては、先行して錦絵が制作される傾向があったといわれる（浅野秀剛「事前に描かれたイベント錦絵」）。上洛錦絵について見れば、行列の風俗については、通常市中のお成や大名行列をモデルにしたであろうが、馬上の将軍というイメージはどこから来たのだろう。ここでの馬上の将軍は、歴史を題材にした錦絵に見られる、戦国武将のような戦闘者的イメージではない。

ひとつ考えられるのは、すでにこの時期、文久改革による馬での登城（乗切《のりきり》）にともなう、陣笠に割羽織、馬乗袴という姿が一般化していたことである。先の『ジャパン・ヘラルド』の記事にもあったように、家茂も騎馬で江戸城と浜離宮を往復するなどしていた。そして、考えてみたいのは、上洛錦絵に描かれた馬上の将軍は、政治の先頭に立って行列を率いる将軍というイメージがぴったりくるということである（口絵2、5）。それはまさしく、武家政権の創始者として天下を切り従える源頼朝の上洛と重ねるうえで、好都合であったと言えないだろうか。

幕末という時代の転換期にあたり、錦絵は従来の歌舞伎や歴史物語ではない、現実の将軍上洛という題材を獲得した（杉本史子「時事と鳥瞰図」、四九頁）。それに加え、天下国家の先頭に立つ徳川将軍の図像を新たに創出したのである。

拝見人を描き込む

馬上の将軍にそのような意味を込めたとすれば、周囲の視線は「上洛」という空間の重要な構成要素となるはずである。上洛錦絵の多くは、将軍を拝見する膨大な人びとの姿が描き込まれているのも特徴である。もっとも、一般に、琉球使節や朝鮮通信使などを描いた絵巻や版本などでは、行列とともに見物人が描き込まれた事例は数多い（国立歴史民俗博物館『行列にみる近世』、一一七〜一一九頁）。しかし、重要なことは、拝見人が見たのは、大名でも異域の使節でもなく、天下の将軍だったという単純な事実である。「見られる人」と

「見る人」というパターンは同じでも、意味することは自ずから別である。

例えば、二月一五日に、家茂が大磯宿を通過した際、駿馬に乗る家茂の姿を見るべく、道筋の村や近郷から人びとが押し寄せた。その様子は、「百姓老弱男女素跣《スアシ》に相成り、蒸汗《アセ》を出し髪を乱して奔走す」と表現された。この文章を日記に記した相模国柳島村の名主藤間柳庵は、「昼八ツ時頃街頭へ駆け付け、匍匐《ホフク》して拝礼を遂げ、万々歳天下太平の祝儀を諭《さと》し奉り候段、実に今生の庶民、重加に相ひ協《かな》ひ、有難き仕合せなり」と感慨を記している（『太平年表録』、七三〜七五頁）。つまり、昼過ぎに街路に集まった人びとは、地べたに平伏して将軍を迎えた。彼らは天下泰平の有り難みを噛みしめつつ、将軍拝見を与えられた恩典として捉えた。将軍を見る歓びは、彼らの生活共同体の永続と密接に関連して捉えられているようである。

また、五雲亭（歌川）貞秀が描く「東都名所之内　霞ケ関之勝景」（口絵3。文久三年五月）も、そのような観点から観察したくなる一図である。この図柄は、将軍の帰城を先取りして出版された錦絵で、家茂一行が霞ヶ関から外桜田門に入ろうとする想像図である（実際には大手門から帰城している）。中央に座して拝見する人びとを描くが、坂の上から手を挙げながらバラバラと集まってくる群衆が印象的である。単に好奇心に駆られた熱狂だけでなく、将軍の無事帰還を祝う、人びとの祝意を示しているかのようである。

微笑む青年将軍

そして、「御上洛東海道」シリーズには、他にも印象的な作品がいくつか含まれる。例えば、将軍が床几に腰掛け、庶民の生業を見つめる類の作品である。実際に家茂は、上洛途中しばしば鮑《あわび》取りなどの漁猟の上覧をおこなっている。これは当時、庶民が生業を貴人の上覧に供する「もてなし」の一種である。

図1―5：歌川芳艶「東海道名所之内　穴鳩八幡」（国立国会図書館デジタルコレクション）

錦絵に描かれるのは、あくまで空想の産物だが、江ノ島で海女による漁を将軍が見つめる図柄や（「東海道名所之内　江之島」）、「東海道名所之内　穴鳩八幡」（図1―5）のように、庶民の田植えを見つめる将軍を描くものなどがある。なかには、一見、海辺で生業に従事する庶民（女性）を描いた図だが、注意深く見ると、後方に供を従え床几に腰掛け、生業を見つめる将軍が小さく描かれたものもある（「東海道名所之内　高師ノ浦」）。その図の主役は名もない庶民である。あたかも民の父母としての将軍が、それを後ろから見守るかのようである。おまけに「穴鳩八幡」に描かれた陣笠姿の将軍の横顔には、優しい微笑みが浮かんでいることも見逃すことはできない。

上洛錦絵から見えてきたのは、上洛に対する人びとの単なる「見世物」への熱狂ではなく、政治の先頭に立ち、馬上で進む将軍像であり、それを歓喜して迎える人びとである。また、一方で、民の父母として温かいまなざしを人びとに向ける仁慈を示す君主と、見られる人びとである。そのような錦絵の世界が膨大な人びとに供給され、拡散していくであろう。

人びとは上洛に何を見たか

一般に将軍家茂は、つぎの慶喜に隠れてあまりめだたない存在である。しかし、京都で将軍となり、そのまま滞京しつづけた慶喜にくらべれば、江戸の人びとにとっては、家茂はよほど身近な「公方様」であった。その意味では、家茂こそ「最後の将軍」と呼べるかもしれない。家茂については、若くて病弱だったというイメージが存在するようだが、根拠ははっきりしない。幕末から明治にいたる関連記録を見ても、家茂は文武に励む活発な将軍だったことを示すものが多い。松平春嶽など有力大名や勝海舟《かつかいしゅう》などの幕臣が、君主としての資質を高く評価していたことも知られている。

いったいこの上洛を見つめた膨大な人びと、また錦絵を描いた絵師たちは、将軍の姿に何を見ていたのであろうか。上洛錦絵の全体を通じて気がつくのは、その多くが、若々しい青年の容貌で描かれていることである。当時、江戸の人びとは困難な政治の先頭に立つ将軍は、わずか一八歳であることをじゅうぶんに意識していた。上洛錦絵のなかには、将軍が参内して天皇（姿は描かれない）の前で平伏《ひれふ》す姿を描くものが見受けられる。従来であれば幕府の忌避に触れかねない図柄だが、臣下としての将軍が強調されている感はあるものの、将軍を特に貶《おとし》めようとする意図はうかがえない。将軍に注がれるまなざしは、基本的に温かなものであった気がしてならない。

事実かどうかわからないが、つぎのような逸話が流布した。家茂が箱根の立場《たてば》である畑宿《はたけじゆく》で休息したおり、与次兵衛という亭主が、家茂の命により満開の山桜一枝を献上した。それに対し、家茂が自ら鼻紙に一首を書いて渡したという。

時を得て道ひらかする山ざくら
花のあるじは畑の与次兵衛（『藤岡屋日記』十、五七四頁）

まさに今、上洛する将軍の行く手を、満開の山桜が導いていくという、上洛を言祝《ことほ》ぐ歌であろう。実際は随行した幕臣などの作であろうが、天下の将軍と名もなき庶民を媒介する桜は、上洛錦絵の世界の重要な構成要素である。

大判一枚による「御上洛東海道」シリーズには、将軍一行とともに、市井《しせい》の人びととの平凡な日常と、桜が描きこまれているものが多い。このような錦絵によって、遠い政治社会の出来事であるはずの将軍上洛は、人びとの身近に引き寄せられた。かつてペリー来航以前、隔絶した政治の頂点にあった将軍、すなわち本書でいう「権威の将軍」は、このようなかたちで、庶民とともに錦絵に描かれることは決してなかった。その点でも「国事の将軍」は、大きな時代の転換点に位置したのである。

それから約一五〇年後の現在も、少なからぬ数の上洛錦絵が、商品として市場をめぐっている。若き将軍を見つめた人びとの熱狂は、いまだ静かにその余韻を放っていると言えそうである。

4　東海道を下る天皇

東京行幸

将軍家茂は、初度の上洛ののち（文久三年〈一八六三〉六月に帰府）、海路軍艦で二度目の上洛を果たした（元治元年〈一八六四〉五月帰府）。そして、さらに翌慶応元年（一八六五）五月には、長州征伐のため東海道を軍勢を率いて上洛し、大坂で滞陣中の翌二年（一八六六）七月二〇日に病で帰らぬ人となった。つぎの将軍慶喜は約一年の在職中、将軍として東海道を行き来したことはない。つまり、家茂は東海道を通過した最後の将軍だったのである。そのあと、将軍の行列の代わりに、東海道を下ってきたのが天皇の行列であった。明治元年（一八六八）九月から一〇月にいたる、東幸（東京行幸）である。

家茂と新たな天皇、この両者は実際に政治上の最高権力者として、東海道を移動した点で共通する。また、上洛と東幸の時間差というのは、さまざまな出来事が凝縮した幕末維新の時間から見れば、もはや時間差ではない。同時進行といってもよいのである。幕末維新の時代の要請に、この新たな権力者がいかに応えようとしたのか、全国の人びとの視線を意識した東幸は、格好の考察対象になるはずである。

慶応三年（一八六七）一二月九日の王政復古政変によって摂関制度と将軍職などが廃止され、天皇中心の新政府が成立した。直後の慶応四年（一八六八）正月三日の鳥羽・伏見の戦争で勝利した新政府は、慶喜を朝敵として追討の対象とし、恭順に追い込んだ。そして、四月一一日に、江戸城が新政府軍によって接収され、五月一五日には上野で彰義隊が壊滅した。徳川家は江戸から駿河国へ移封されることになり、以後東北・越後へと戊辰《ぼしん》戦争は展開していくが、新政府にとっては、徳川の影響力が残る東国を、天皇政府の支配に組み込むことが最重要課題となった。東幸という未曾有の出来事は、そのような背景を持っている。

王政復古政変では、天皇の姿はいまだベールに包まれていた。しかし、戊辰戦争を遂行する過程で、政治の先頭に立つ天皇像が急速に現れた。そして、江戸を東京とする詔書の発布（七月一七日）は、天皇自身が江戸の地に臨み、政治をおこなうという宣言であり、明治への改元（九月八日）が弾みをつけるように、東幸の出輦《しゆつれん》期日が発表されたのである。

天皇の行列

明治元年九月二〇日、天皇睦仁《むつひと》（明治天皇）は東海道を東京に向かい出発した。人数は三三〇〇人余、東京到着に要した日数は二三日間と、人数・日程ともに将軍上洛とほぼ同じであった。宿泊場所も基本的に宿場の本陣を用いるなど、質素・簡易を標榜した点も同様である。さらに、天皇はこのとき数えで一七歳であり、上洛時の家茂の年齢（一八歳）とほぼ重なるというおまけつきであった。

しかし、公武合体による国内体制強化をめざした上洛と、東幸とでは当然その目的は異なっている。東幸に先立ち、八月四日におこなわれた布告では、戦争による「東国無辜《むこ》の蒼生《そうせい》」の艱難《かんなん》を救うため、天皇自ら東京に臨み、万民を「綏撫《すいぶ》」（安んじいたわる）すると目的が語られた。それに際しては、「非常御手軽の御行装」を以ておこなうとされたのである（『岩倉公実紀』中、五五〇頁）。

図1―6：木戸孝允（国立国会図書館蔵）

この点について、東幸のあり方に大きな影響を与えた、新政府の参与木戸《きど》孝允《たかよし》（図1―6）は、再三にわたり沿道の負担回避を主張しており、警備態勢を縮小してでも、簡易な行列を主張していた（山本復一《やまもとまたかず》宛書翰、「大日本維新史料稿本」明治元年九月二〇日の条)。具体的に見ると、天皇の通行に際しては、農工商とも平常通りの営みが許され、手桶や箒の差出しなどのほかは、貴人の出迎え作法は最小限に抑えられた(盛砂や板囲などは無用)。しかし、沿道各地が自主的に規制をおこなってしまうのは、将軍上洛と同様で、地域によっては家々を厳重に閉めきり、通輦の宿駅では旅行者の通行を許さず、人《じん》馬継立《ばつぎたて》もおこなわないなどの措置が執られたようである。これらは、行幸本隊によって、旅人の難儀が甚だしいなどの理由で厳しく糾弾され、通輦に際する過剰な出迎え作法も強く戒められた(「静岡県庁所蔵御東幸関係書類」、「大日本維新史料稿本」明治元年一〇月八日の条)。

民を慈《いつく》しむ

そのようななか、木戸が東幸の成否にも関わるとした「御親恤《ごしんじゅつ》」(天皇自らおこなう施し、恵み)が各地で実践された。すなわち、通輦沿道における、七〇歳以上の長老者、孝子、節婦、義僕、罹災者などへの金員の下賜である。これら養老、旌賞《せいしょう》、賑恤《しんじゅつ》などと呼ばれる施策の実施状況は、新政府による官版『東巡日誌』によって広く知らしめられ、木戸が東幸以前より述べていた、天皇自ら親しく下々を撫育し、国内を王化に服させせんとする姿を喧伝した(『木戸孝允文書』三、九二〜九三頁)。

右に見る天皇の姿は、木戸自身も関わった三月一四日の有名な五箇条の誓文と同時に示された、「国威発揚の宸翰《しんかん》」の実践にほかならなかった。そこでは、天皇自らが「骨を労し心志を苦め、艱難《かんなん》の先に立」つこと、また、往古は朝廷の政治は、総じて簡易であり、君臣が親しみ、天皇の徳が広く示されていたこと、さらに天皇自ら「一身の艱難辛苦を問ず」、四方を経営して万民を安らかしめ、国威を四方に宣布するなどの覚悟が示されていた（『明治天皇紀』一、六五〇〜六五一頁）。その具体化が東幸の断行であった。

しかし、天皇の外祖父で新政府議定の中山忠能《なかやまただやす》は、政府の行政上のトップである輔相《ほしょう》の岩倉具視に宛てた書状で、軽装の行幸は、万民への「御憐愍《ごれんびん》」と財政上の観点からは妥当ではあるが、軽々しい行幸は、時勢を弁《わきま》えない旧弊に染まった者たちにとっては、天皇への信仰心が薄れるだけで、権威低下につながるとして反対していた（『岩倉具視関係文書』四、六二頁）。

また、同じく東幸反対の急先鋒だった大原重徳（刑法官知事）は、東北などの戦場に近い東京への行幸は危険であるとし、「君子は危きに近よらず」の俗諺をもって延引を主張した（同、九四〜九五頁）。それらの議論をはねのけて、維新官僚は東幸を断行したのである。

国家の先頭に立つ天皇

すでに見たように、かつて将軍家茂は、上洛に際しての身辺の警備上の問題、あるいは将軍権威保持の観点からする批判を押しのけて、国家の先頭に立つ君主像を示した。質素・簡易の君主が、慣習や伝統という重々しさを打ち破り、歴史の表舞台に登場してきた点で、家茂と天皇は同じような役割を担ったといえよう。

その将軍という権力者の恩沢を知る旧江戸（東京）をはじめ、全国を天皇の王化に服させるために、天皇は自らの存在をアピールする必要があった。つとに指摘される「見える天皇」「見せる天皇」の演出である。もっとも、東幸において天皇は鳳輦《ほうれん》（天皇の乗る輿）か板輿《いたごし》（鳳輦より簡略化した輿）に乗っており、身体を見せなかった。それにもかかわらず、民衆を意識した新政府首脳部の「見せる」演出によって、民衆は「《そこにいる》天皇を見て確認していた」と評価されている（佐々木克『江戸が東京になった日』、一三八〜一三九頁）。

たしかに人びとはそのような感覚を味わっていた。例えば、かつて将軍上洛を目の当たりにし、その恩沢を日記に綴った相模国柳島村の藤間柳庵は、東幸に際しても天皇の鳳輦を拝している。彼らは、将軍上洛のおりと同じく、街路に平伏して行列を拝見した。そして、「去は駕籠の儀は恐れ多くも　主上の御玉座と称し、謹て恭拝合掌せるその例なり、上古日本武尊《やまとたけるのみこと》　東夷征伐の後、いまた先蹤《せんしよう》を聞ず、然るを凡民居りなから　天子の御臨幸を奉拝するは、今生の冥加、崇するに余りあり」と記している(『太平年表録』、一二七頁)。つまり、人びとは鳳輦のなかにいる天皇に合掌した。そして、天皇がこの地を通過する画期性を、『古事記』の世界の日本武尊の東征以来のことと捉え、行列を目にする有り難みを記したのである。将軍に代わり、自らの共同体の永続を願うための新たな主体が、生き生きと登場した瞬間である。しかし、鳳輦に身を隠した天皇を「見せる」演出は、それでじゅうぶんだったのだろうか。

行列への批判

一〇月一一日、東海道の神奈川近辺において、新政府の許可のもと、多くの外国人が横浜から駆けつけ、天皇の行列を見物した。それについて当時横浜の居留地で発行された新聞、「横浜新報もしほ草《ぐさ》」第二八篇はつぎのような記事を載せる。少し長いが重要なので引用したい。

皇帝陛下は今度かな川(神奈川)駅へ御通輦につき、日本人はいふにおよばず、我輩まで御くるまをはいし奉ることを得て、いとありがたきことにこそありける、されどもをしむべし、御輦の四方、みす(御簾)とかいへるものにておほひければ、たれもまさしく拝したてまつるものなきこそ、のこりをしけれ、わが亜米利加はいふにおよばず、欧邏巴の諸州の帝王、その部内をよぎりたまふときは、いかなるいやしきものまでも、はいしたてまつることはさておき、冤狂《べんきよう》（冤枉《えんおう》〈無実の罪〉の誤り）のことあれば、うつたふることなどもこゝろのまゝなり、また他州よりきたりし兵隊はもちろん、そのくに帝王にぞくする兵隊、御道かためにいでることあれば、帝王かならず会釈したまふふうぞくなり、しかれども日本は数年来外国との通親をたゝせたまひしことなれば、それらのふうぞくをもつて、比較すべきにあらざれども、開化の二字をおもんじたまはんには、おひ〳〵に帝は神のみすえにて、人るいとはかはりたまふなどいへる避言《ひがごと》をいはず、民の父母たることをわすれ給はず、よきまつりごとをしきたまふにおいては、あやしきたび寝のわが輩にまで、大ひなるさいはひならんかし……

（小野秀雄校訂『横浜新報もしほ草　江湖新聞』、二〇五～二〇六頁）。

この新聞は、戊辰戦争の最中、慶応四年閏《うるう》四月に横浜で刊行された最初期の新聞のひとつである。オランダ系アメリカ人のヴァン・リードが主宰したが、編集は日本人の手によるる（稲田雅洋『自由民権の文化史』、六二～六三頁）。そのため、右の文章も外国人の一人称で語られているが、実際は作為的な記事であると推測できる。

内容は、通輦の際、天皇が鳳輦の御簾のなかにあり、その姿が見えなかったことを問題視し、欧米の帝王は、生身の姿を見せる存在であるとしている。そして、日本も「開化の二字」を重視するならば、天皇が神と同等の特別な存在などという妄言はいわず、民の父母としてよい政治をおこなうべきだ、という。

問題は、天皇が姿を見せないことを、批判の論拠として用いていることである。御簾のなかにいる天皇のあり方を、「開化」＝近代の立場から批判する。はたして、編集者たちがかつての将軍を意識してのものかはわからない。しかし、この論理でいけば、同じく江戸時代を通じての「見えない」存在から、いち早く姿を現して上洛し、万民に接した将軍は、天皇に先んじて「開化」の領域に足を踏み入れていたことになるだろう。

これに通じる批判が、こののちにも現れる。今度は、木戸孝允の旧主である山口藩（長州藩）知事を務めた毛利《もうり》元徳《もとのり》の明治四年～五年（一八七一～七二）頃と思われる意見書である。元徳は「行幸之節御馬召させられ度事」という項目を挙げ、「従前は御馬上少くあらせられ候様伺い奉り候処、当今の形勢なれは、恐乍《おそれなが》ら至尊《しそん》（天皇）の御身にましますとて、万民に瞻仰《せんぎょう》（仰ぎ見る）させさるの理これなく、且《かつ》世間の形状をも天覧あらせられ度、仰ぎ願い奉り候」と述べている（「三条家文書」国立国会図書館憲政資料室所蔵、四〇―三）。

つまり、天皇はもっと積極的に馬上で姿を万民にさらし、万民の生活を視察せよと述べているのである。天皇が一般の人びとの前で身体をさらしたのは、明治三年（一八七〇）四月の駒場野での軍事調練と言われるが、明治五年の西国巡幸では元徳が望むような天皇の姿が多く見られた。元徳の意見には、木戸の影響もあったであろうか。

大久保利通の建白

近代天皇像の出発点として、つねに注目されるのが大久保利通による「大坂遷都の建白書」（慶応四年正月）である。この建言の主眼は、宮中奥深くで、限られた人びとしか姿を拝せないような、旧来の天皇のあり方を変革することにあった。

そこで大久保は、古代の仁徳《にんとく》天皇の治世を模範に挙げ、「即今外国ニ於テモ、帝王従者一、二ヲ率シテ国中ヲ歩キ、万民ヲ撫育スルハ実ニ君道ヲ行フモノト謂《いう》ヘシ」といい、また遷都を機会に、「易《い》簡軽便《かんけいびん》ヲ本ニシ、数種ノ大弊ヲ抜キ、民ノ父母タル天賦ノ君道ヲ履行セラレ……」と述べている（『大久保利通文書』二、一九三〜一九四頁）。これは、先の「もしほ草」の記事がいうような君主像と重なる。しかし、そのような君主は、意外にも彼らが旧権威として否定しようとしたところに、すでに現れていたわけである。

さらに例を挙げれば、将軍家茂による第一回上洛の途上、文久三年二月二七日に家茂が宿所である尾張藩の浜御殿に到着したおり、「御歩行にて浜御殿え著《ちゃく》、御民の父母たる御形体を万民十分に拝礼奉り歓喜の声巷に満つ」と報じられている（『東西紀聞』一、二〇四頁）。さらに、同年の四月に大坂城下を巡見した家茂について、同地にいた会津藩士はつぎのように報じている。大まかに現代語訳すると、つぎのようである。

将軍の滞坂中は、下々が悉く将軍を仰ぎ、老人は幸福なことに長寿のお蔭で、今まで誰も経験したことがない、将軍を拝することができたことで、涙を流したそうである。将軍も非常に軽装で、これまでの大坂城代の行列よりも簡易で、陸は必ず馬に乗り、川では並の藩士達と同じような船に乗っている。また、自ら菓子を人びとに賜うなど、まったく古《いにしえ》の君主のようである。庶民の反応に将軍はもちろん、旗本たちも皆喜び、大いに政治に腰を据えるようになっている（『官武通紀』一、五六〇〜五六一頁）。

このような将軍の姿は、大久保が天皇に期待した君主像そのものではないのか。また、木戸孝允が徹底的に追求した、質素・簡易で国家の先頭に立つ君主像をもあわせて考えてみたい。もし、大久保や木戸が望んだ君主スタイルが、近代君主のスタイルと評価されるのならば、家茂が演じようとしたのは、近代の君主そのものだったということになる。

「視覚的支配」論

右のような視角とは異なる観点から、早くから将軍と天皇の連続性について注目した研究に、原武史『可視化された帝国』がある。同書は天皇の行幸・巡幸を中心とした分析から、「視覚的支配」をキーワードに国民国家形成を論じたものである。そこでは近代の天皇や皇太子の身体を媒介にした視覚的支配は、近世の将軍から受け継いだものとの見解が示されている。すなわち、将軍や大名の行列という「御威光」の舞台装置が、将軍や大名の姿が見えなくても、沿道の規制や秩序を生み出したという点を、天皇の行幸・巡幸に先立つ視覚的支配の貫徹と見たのである。

たしかに、将軍の姿は見えなかったという理解を前提にすれば、この指摘は妥当すると思う。しかし、幕末の将軍を念頭に置けば、君主の姿が見えるという点からも、連続性を追求することが可能になる。

通常、大久保らが望む君主像は、ヨーロッパの皇帝のような存在だと考えられやすい。しかし、近世後期から将軍や天皇、藩主などの親政を求める言説が政治の世界では広く見られた。そこで見られる君主のモデルは、同時期に広く普及した儒学書や、歴史書（頼山陽の『日本外史』など）で描かれた、中国史上の皇帝や、天皇・将軍などの日本史上の君主であった。それらは、簡易・質素で政治の表に立つ君主として捉え直され、かつ模範とさ

図1―7：三代広重「東京名勝芝大門之図」（東京大学史料編纂所「錦絵データベース」）

れ、幕末の将軍や天皇も、その影響下にあったと言える。大久保が望む近代君主像もおそらく同様であり、それが、西洋の君主像と合致する部分が多かったのだろう。

しかし、家茂と明治天皇の場合は、それ以前に求められた君主像の単なる連続ではありえない。それは、言うまでもなくペリー来航による国家的危機という契機が存在するからである。国家主権がものをいう外圧のなかで、将軍と天皇は、より強く、かつ視覚的にも国家の先頭に立つ役割を求められざるをえない。

東幸錦絵から見えるもの

最後に、将軍と天皇の連続性という意味で、民衆文化の観点から、ふたたび錦絵について述べておこう。八月に東幸が布告されると、すぐに江戸では東幸を描いた錦絵が出始めた。筆者が図録やデータベース、古書目録などで調査しえた範囲では、江戸着輦までを描いたものとして三六点を確認している。そのうち、三枚続が二八点を占め、あとは大判竪一枚、横一枚でのシリーズ（揃物）などである。ひとつの出来事に対する報道性という観点から見れば少なくない数だが、これに、着輦後の明治元年一一月におこなわれた、東京の町中への祝酒の振舞を題材にした作品類を加えても、前節までに見た上洛錦絵には遠く及ばない。何より一〇〇枚以上の大判一枚のシリーズが存在した上洛錦絵との差は歴然である。

東幸錦絵は、ほぼすべてが名所のなかに天皇の行列を描くかたちをとっている（図1―7）。ただし、名所といっても描かれるのは圧倒的に東京市中、すなわち旧江戸市中であり、上洛錦絵のように、東海道の名所風景が幅広く描かれることはない。

構図について言えば、名所風景はそのままで、行列の進行方向を逆にし、天皇を示す鳳輦を馬上の将軍に変えれば、あとは細かいディテールに手を入れるだけで、上洛錦絵に成り代わることが指摘できる。

このような東幸を扱う錦絵について、著名な多木浩二『天皇の肖像』は、つぎのように述べている。

これらの錦絵は、東海道五十三次など、もともと旅にむすびついた街道ものによく似ている。天皇の行列を主題としているにもかかわらず、その表題には風景しか指示していないものが多かった。すでに述べたように、この時代、錦絵が政治的事件を描くときには、必ずなんらかの意味で昔からもっていた修辞的な方法によって、事態を婉曲にあらわした。（中略）本来なら歴史画として描かれるべきものが風景画へ、ジャンルを変えて描かれたのだ。物語的虚構から旅程の印象へ、といってもいいかもしれない（同、一六〜一七頁）。

さらに多木氏は、近世の将軍は見えない存在だったという理解を前提に、「たしかにだれも見物できなかった将軍の『御成』とちがって、天皇の行列を描いた錦絵には民衆も描きこまれていることは注目に値する」とも述べている（同、二二頁）。

もはや説明は要さないだろう。右の評価は、ほぼそのまま「上洛錦絵」の説明に用いることが可能である。すなわち、名所絵というカテゴリーのなかに、膨大な拝見人もろとも、最高権力者の行列を描くという手法は、上洛錦絵によって誕生したのである。多木氏がいう「修辞的な方法によって、事態を婉曲にあらわ」す方法とは、上洛錦絵における将軍を源頼朝などの故事と重ねるような方法をいう。多木氏は政治的事件が、風景画＝名所絵のかたちをとることを、東幸特有の新しい現象として注目したのであるが、じつはそのモデルは、上洛錦絵であった。名所型で天皇を描く方法は、当世風俗で「ありのまま」に権力者と行列を描こうとする点で、上洛と共通性を持つ。

つまり、東幸という画期的な出来事を描くうえで、東京の版元や絵師は将軍上洛を踏襲したのである。それは、東幸錦絵の版元の多くが、かつて上洛錦絵に参入した経歴を持ち、絵師について見ても、月岡芳年《つきおかよしとし》、二代歌川国輝《くにてる》（二代国綱）などは、上洛錦絵やそれに続く、将軍家茂の長州征伐の出陣を描いたシリーズ「末広《すえひろ》五十三次」（大判竪一枚の五三枚）などで、多く筆を執った絵師であったことからも言える。

王政復古への道

問題なのは、将軍が名所型と頼朝型に大きく分かれたのと異なり、東幸の場合は、なぜ風景画＝名所型に収斂《しゅうれん》してしまったのか、ということである。いまだじゅうぶんな考えを持つにいたらないが、つぎの点は考慮すべきだろう。つまり、天皇の東幸については、将軍上洛を頼朝の上洛に重ねたようなわかりやすく、広く受容されてきた故事が存在しなかったからではないだろうか。多木氏や他の研究が指摘するように、三月の大坂親征行幸を描いた錦絵として、「仁徳天皇難波都御所え御行幸之図」、「神功皇后三韓征伐《じんぐうこうごうさんかんせいばつ》御調練之図」などがあるが、東幸には管見のかぎり、そのような例がない。また、名所とともに行列そのものを描く手法がすでにある以上、「修辞的な表現方法」の必要性がなかったともいえる。

その結果、天皇の東幸は、歴代天皇の故事にではなく、それとは異質の将軍上洛に先例を求めることになったのである。また、それは一定の商業的実績が前提にあったこともまちがいないだろう。最高権力者を庶民の娯楽という世界に巧みに織り込んで見せる、報道性と娯楽性が融合した錦絵の手法は、将軍からはじまり、以後明治天皇の行幸や巡幸を描いた文明開化の錦絵に引き継がれた。その意味でも、上洛錦絵は近代の入口に立っていたのである。

江戸研究家の三田村鳶魚《みたむらえんぎょ》は、東京遷都五〇年を迎えた大正七年（一九一八）に『東海道名所風景』絵とき」という文章を発表している（『三田村鳶魚全集』一五所収）。ちなみに、「東海道名所風景」とは、先の上洛錦絵のシリーズ「御上洛東海道」のことである。そこで鳶魚は、上洛錦絵に触れつつ東京五〇年の歴史をふりかえり、倒幕運動、大政奉還について述べている。そして、王政復古という天皇への政権回収にいたる第一歩として、文久三年の将軍上洛を位置づけ、天皇の治世に喜びを示しつつ、つぎのようにいう。

この家茂の上洛行列も、その固有せる意味とは反対に、覿面《てきめん》に王化を賛美せる粧飾ともみたい。あるいは予行せる遷都歓迎の隊伍ともみたい（二四六頁）。

結果的に見て、「東京遷都」は家茂の上洛が導いたものとする鳶魚の考えは、歴史のある真実を突いている。それを、筆者なりに言えば、家茂が導いてきたのは、まさしく国家の先頭に立つ、視覚化された君主像という近代だったのである。

言ってみれば、近代に向かって東海道を進む天皇の先に、蜃気楼のように文久上洛の将軍の姿が浮かびあがった。その意味で、王政復古は、単なる古代への回帰でも、伝統への回帰でもない。また、無からの出発でもない。天皇統治の「復活」とは、幕末の蓄積された政治的体験の上に登場するのである。

第二章　宮中参内の政治学

本章では、二〇〇年以上の時を経て上洛した将軍と大名による、禁裏御所への参内を中心に話を進めたい。そこから、天皇という新たな権力主体が立ち上がる過程を見通すのが目的である。

ところで、天皇の政治権力化への流れは、政局史の観点から見れば、いくつかの画期を示すことができる。まず、安政五年（一八五八）の日米修好通商条約調印に対する天皇の反対、文久二年（一八六二）の幕政改革・攘夷実行を命じる二度の勅使派遣、翌三年（一八六三）の将軍上洛と、直後におこなわれた賀茂社行幸、石清水八幡宮行幸などである。しかし、天皇の権力化を考えるには、はたしてこのような「事件」を押さえるだけでじゅうぶんだろうか。

政治権力は、その存在が人びとの心理にくりかえしすり込まれる機会を必要とし、それによって、自発的服従を引き出すものでなくてはならない。たしかに、文久三年の孝明天皇による二度の行幸などは、国政上の天皇の存在を広く知らしめるうえで画期的であった。しかし、このようなイベントは、同年八月一八日の政変（文久政変）によって一部の尊攘派公家や長州藩が政治の中心から退けられて以降は見られなくなる。つまり、天皇の行幸は、恒常的にその権力化を推進するものではなかったのである。一方で、天皇の存在をクローズアップし、変革を促したのは、政変以前も以後も変わりなく日常的にくりかえされた、将軍と大名の参内だったのではないだろうか。

例えば、将軍家茂は文久三年の上洛では八回、翌元治元年（一八六四）は九回の参内をおこなっている。また、大名の参内は、家茂上洛以前よりすでに顕著な回数を記録していた。禁裏に向かう将軍や大名の行列は、くりかえし洛中での見物対象となった。そこでは、権力の中心が人びとに指し示されていたと見なくてはならない。

この武家勢力の参内は、君主としての天皇の権威と権力を成長させただけでなく、諸勢力をして自らを権威づけ、より高い政治的ポジションを得ようという権力衝動に駆り立てた。それが、また天皇の権威上昇につながるというサイクルが生まれる。討幕派だけではない、幅広いプレーヤーが禁裏御所を舞台に登場し、王政復古の流れを生み出していく様を見ていきたい。

1　武家参内の幕開け

将軍参内直前の状況

近世を通じ、朝廷は幕府の独占状態にあった。諸大名が幕府に無断で入京し、参内のうえ天皇と対面することは考えられないことだった。

武家として参内し、天皇と対面する機会があったのは、京都所司代や将軍から派遣される年頭の上使《じようし》（井伊家など格式の高い譜代大名がつとめる）、儀礼を専門に司る高家《こうけ》という身分の人びとに限られ、基本的に幕府関係者であった。また、大名の側から見れば、幕府の圧倒的な力が支配している状況下で、政治目的で天皇・朝廷に接近する必要はなかったのである。

しかし、安政七年（一八六〇）三月三日の桜田門外の変以降、幕府の衰微が認識されるなか、国事周旋に乗り出した長州藩や薩摩藩は、幕府の頭越しに朝廷との接触を開始した。そして、天皇の意思を前面に出して幕府に改革を迫るなか、大名の参内という事態が出現するのは、時間の問題だったのである。

表2―1を見てもらいたい。将軍家茂の参内（文久三年〈一八六三〉三月七日）直前までの大名の参内状況をまとめたものである。表を作成するにあたっては、老中や高家などの幕府関係者は除いているが、幕府関係であっても有志大名的な性格を持つ一橋慶喜（将軍後見職）、松平春嶽（政事総裁職）、松平容保《かたもり》（京都守護職）は入れている。

ちなみにここでは、参内とは、大名が宮中（禁裏）で天皇と対面することをいうことにしたい。表2―1には島津久光のように藩主の父である人物や、世子（跡継ぎ）、また隠居

日付	大名	以後の参内	備考
文久2年			
※閏8月9日	島津久光（藩主の父）		例外措置
10月4日	毛利慶親（敬親。長州藩主）	文久3年正月17日	
10月5日	山内豊範（土佐藩主）	文久3年正月3日	
10月20日	池田慶徳（鳥取藩主）	文久3年正月3日、2月18日	
11月10日	有馬慶頼（久留米藩主）		
11月11日	浅野茂長（広島藩主）	文久3年2月18日	
11月24日	藤堂高猷（津藩主）		
12月2日	鍋島斉正（佐賀藩主）		
12月4日	蜂須賀茂韶（阿波藩世子）	文久3年2月18日	
文久3年			
正月2日	松平容保（京都守護職・会津藩主）	文久3年2月18日	幕府関係
正月3日	毛利定広(元徳。長州藩世子)	文久3年2月18日	
同	毛利元蕃（徳山藩主）		本藩世子に随従
同	伊達宗城（宇和島前藩主）	文久3年2月18日	
正月10日	一橋慶喜（将軍後見職）	文久3年2月18日、3月5日	幕府関係
正月15日	徳川慶勝（尾張藩隠居）	文久3年2月18日	
正月17日	毛利元周（長府藩主）	文久3年2月18日	本藩藩主に随従
正月18日	亀井茲監（津和野藩主）		
同	中川久昭（岡藩主）	文久3年2月18日	
同	池田政詮（鴨方藩主）	文久3年2月18日	
同	加藤泰祉（伊予大洲藩主）		
2月9日	徳川茂徳（尾張藩主）		
同	佐竹義堯（秋田藩主）	文久3年2月18日	
同	細川慶順（肥後藩主）	文久3年2月18日	
2月16日	松平春嶽（政事総裁職・越前藩隠居）	文久3年2月18日	幕府関係
同	上杉斉憲（米沢藩主）	文久3年2月18日	
同	黒田斉溥（福岡藩主）	文久3年2月18日	
同	山内容堂（土佐藩隠居）	文久3年2月18日	
同	松平定安（松江藩主）	文久3年2月18日	
同	松平忠和（島原藩主）	文久3年2月18日	
2月18日	蜂須賀斉裕（阿波藩主）		
同	松平慶倫（津山藩主）		
2月晦日	前田斉泰（加賀藩主）		
同	松平茂昭（越前藩主）		
同	溝口直溥（新発田藩主）		
同	島津忠寛（佐土原藩主）		
同	南部信民（七戸藩主）		
3月5日	伊達慶邦（仙台藩主）		
同	藤堂高聴（伊勢久居藩主）		

表2―1：将軍上洛までの大名参内状況（『孝明天皇紀』四、『維新史料綱要』四より作成）

（前藩主）も含むが、いずれも藩を代表する藩主に準ずる扱いである。参内の先頭を切ったのは久光だったが、後述するように、正規の参内扱いではなかったので、まずは、正式な大名参内から見よう。

幕府には無断

大名の正式参内は、文久二年（一八六二）一〇月四日の長州藩主の毛利慶親《よしちか》（のち敬親《たかちか》）を先頭に、土佐藩主山内豊範《とよのり》（一〇月五日）、鳥取藩主池田《いけだ》慶徳《よしのり》（一〇月二〇日）とつづき、以後増加の一途をたどる。これらの人びとは、国事や京都警衛への尽力などの功績が評価されての参内である。表では薩長土三藩のほか、一〇二万石の加賀藩や、それにつぐ六二万石の仙台藩などの大藩、御三家で最大の六一万石の尾張藩など、雄藩やそれに相当するような大藩がめだつ。

将軍の初参内までに禁裏に参内した大名は三八人（久光も含む）、そのうち五割以上が複数回参内しているため、延べ人数にすると六一人が参内したことになる。文久二年以前には大名の正式参内が皆無だったことを考えると、約五ヵ月のあいだに、これだけの大名参内の回数が記録されたことは、やはり注目に値する。

注意したいのは、これら大名の参内は、幕府への事前の通知がなされなかったことである。政治史において、朝廷と幕府、藩三者の再編期として注目される文久期だが、大名参内はその象徴的な現象であった。また、この段階では将軍の臣下たる譜代大名は含まれていないことも注意したい。

ところで、リストのうち一二人は、文久二年一〇月の、幕府へ攘夷実行を命じるための勅使派遣（三条実美・姉小路公知）にともない、朝廷から幕府への周旋尽力を命じられた者である（『孝明天皇紀』四、一九八〜一九九頁）。また、文久三年の正月と二月に参内が集中しているのは、寛永期以前の習わしに従って、将軍参内に合わせて上洛した大名が多かったからである。特に二月一八日に、一橋慶喜以下幕府関係者を含めた二一人が集団参内したことが、延べ人数を押し上げている。将軍不在の京都で、これだけの大名が小御所で天皇と対面したのも画期的だが、対面後にこの場で関白鷹司輔熙《たかつかさすけひろ》から攘夷の叡慮を伝達されたことも前代未聞である。

他にも、鳥取藩主の池田慶徳（水戸の徳川斉昭の五男）のように、将軍上洛までに三回も参内した大名や、長州藩のように、藩主慶親と世子定広《さだひろ》（のち元徳《もとのり》）の両者合わせて四回、さらに支藩も三回随従したという例もある。両藩とも尊攘運動に積極的な藩であることで共通し、この時期の朝廷の政治的傾向をうかがうことができる。

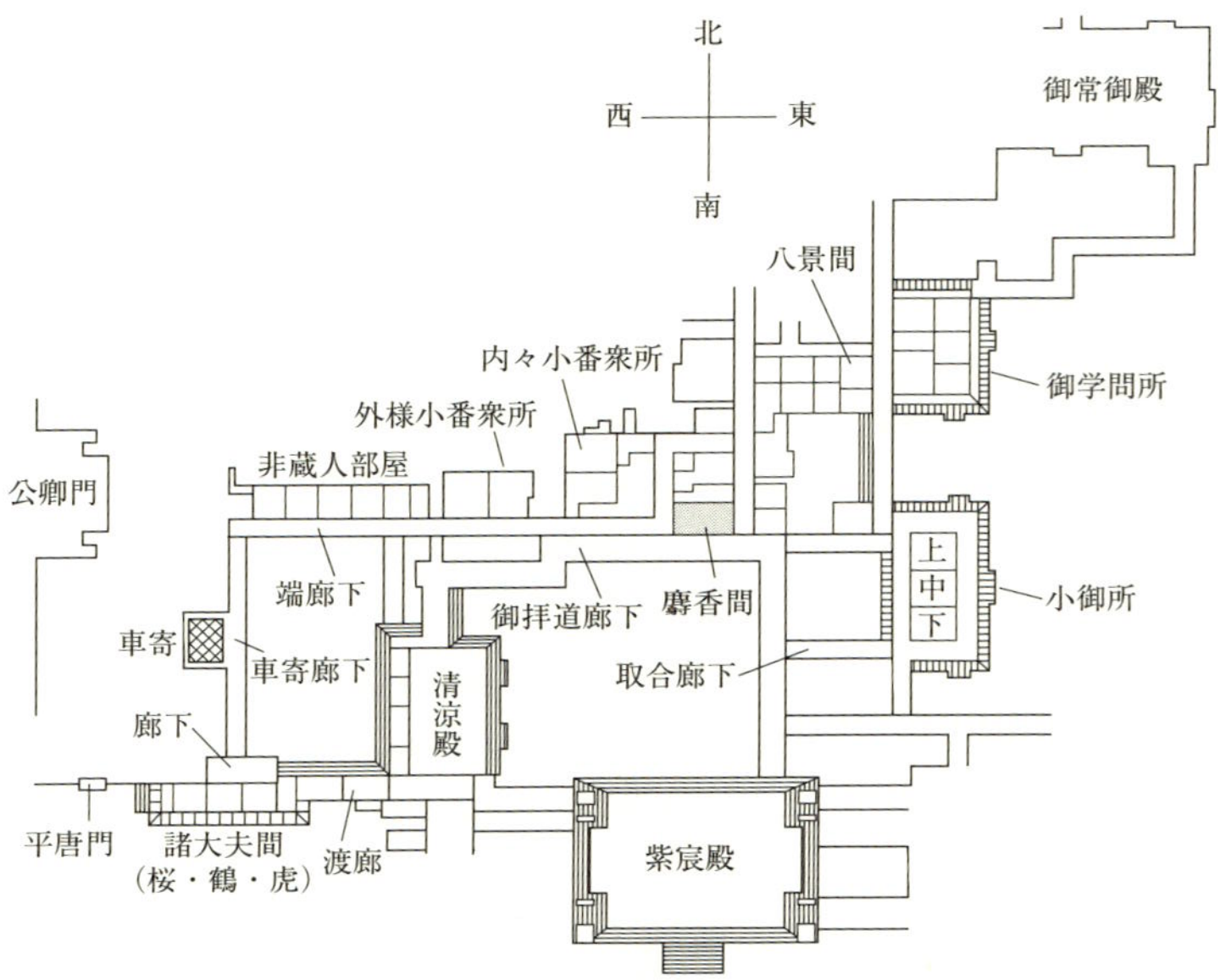

図2—1：安政内裏略図（部分）『中井家文書 第八巻』（図版705）をもとに作成

対面の順序

以下では、図2―1を見ながら大名の天皇との対面を再現していく。ところで、大名が足を踏み入れた禁裏御所はどれくらいの広さだったのか。現在の京都御所の敷地面積は、一一万四一三平方メートルとされており（毎日新聞社『京都御所』、二九九頁）、幕末期も大差はないと考えると、これは、解体前の旧国立競技場の敷地面積の約一・五倍の広さにあたる。大名の参内は、もちろん現在の宮殿内部の拝観などとは異なり、天皇と対面するのが目的である。そこには、以前から存在する慣例があった。それは、所司代や将軍上使などの武家が天皇と対面する儀礼であり、大名の参内もこれに準じることになった。

まず大名は、禁裏御所の西側にある中立売御門《なかだちゆうりごもん》を供を従えつつ駕籠で入り、その先にある公卿門（公家門・唐《から》門・宜秋《ぎしゆう》門ともいう）の前で下乗し、限られた供を連れて門を入る。この公卿門は、摂家以下の公家が参内する車寄《くるまよせ》に通ずる玄関口である。

大名の参内時の服装は、束帯につぐ格式を持つ衣冠である。公卿門を入ると、その右手にある平唐門《ひらからもん》を入り、諸大夫間《しよだいぶのま》から昇殿する（将軍は正面の車寄から昇殿）。この場所は三つに分かれ、一番西側の玄関口から順に桜間《さくらのま》（諸大夫間）、鶴間《つるのま》（殿上人間《てんじようびとのま》）、虎間《とらのま》（公卿間《くぎようのま》）とつづき、官位によって詰める部屋が異なったのである。この三部屋を合わせて諸大夫間と総称していた。

幕末期の記録を見ると、大名の多くは、基本的に従五位下《じゅごいげ》以上であるため、鶴間に祗候《しこう》する。特に虎間に入るのは三位・参議以上の大名に限られた。御三家、御三卿、加賀藩の前田家などである。

伊達宗城が語る参内状況

以下では、有志大名の一人である伊達宗城《むねなり》の日記を中心に対面を再現してみよう（以下、特に断らないかぎり『伊達宗城在京日記』三八頁以下による）。宗城（図2―2）は四国の宇和島一〇万石の前藩主であり、幕末期は一橋派大名として、松平春嶽や島津久光、山内容堂とともに活躍した人物として名高い。宗城がはじめて参内したのは、文久三年正月三日であった。宗城は前日に武家伝奏（幕府との取次にあたる朝廷の重職）より「参内手続書」を渡されている。いわば翌日の進行プログラムである。

当日、官位は四品《しほん》（四位）で侍従の宗城は、まず鶴間に入った。同所では、同じくこの日に参内する鳥取藩主の池田慶徳、長州藩世子毛利定広、土佐藩主山内豊範、徳山藩主毛利元蕃《もとみつ》と一緒になった。池田慶徳と山内豊範以外は初参内であり、全員揃って式に臨むが、官位順のため宗城は三番目に並んだ。

宗城らは武家伝奏、つぎに天皇側近の議奏《ぎそう》と挨拶を交わし、伝奏の案内で小御所で習礼《しゅうらい》した。これは儀式のリハーサルのことである。そのあと、天皇の出御《しゅつぎょ》まで時間があるので、宗城は池田慶徳とともに、伝奏に対して紫宸殿《ししんでん》と清涼殿《せいりょうでん》などの拝見を希望した。伝奏からは紫宸殿などは現在飾りつけもなく、掃除もしていないが、多少ならば差し支えないとして許された。二人は小御所の玉座をはじめ、諸方を伝奏二人の案内によって詳しく拝見した。その際、宗城は伝奏の野宮定功《ののみやさだいさ》から紫宸殿内部の説明を受け、自分からも種々の質問をしている。

ちなみに、紫宸殿や清涼殿の内々の拝見は、宗城たちだけの特典ではない。例えば大名参内の先陣を切った毛利慶親が初参内したおりも、「禁中拝観」を願い許されており、慶親は二度目の参内（文久三年正月一七日）でも退出する前に清涼殿、紫宸殿、さらに天皇の輿《こし》である鳳輦を拝見している（『孝明天皇紀』四、三三九頁）。朝廷側としては、希望があれば柔軟に応じたのである。大名たちにとっては、『源氏物語』や『枕草子』などの古典を通じて知られた王朝文化への憧れがあったであろう。

図2—2：伊達宗城（福井市立郷土歴史博物館蔵）

もっとも、当時の禁裏御所は、安政二年（一八五五）に再建されたもので、平安内裏の復古をめざした寛政期の禁裏を踏襲しているが、御所の立地や建物などの使用方法も平安時代とは異なる。しかし、それらは拝観者にとってはたいした問題ではない。書物を通してでなく実際に内部を見たいという欲求は、現在の人びとの皇居や京都御所内部への関心と変わらない。

天盃の政治的効用

そして、対面のときがやってきた。七時半頃（およそ午後五時頃）、宗城らは武家伝奏の誘導により、鶴間を出て、小御所に向かう。通常大名は、鶴間を出たあと、図2―1に見える車寄廊下を北に進み、つきあたりの東側に延びる端《はし》廊下（非《ひ》蔵人《くろうど》廊下ともいう）をさらに進む。途中、杉戸を経て平行する御《お》拝道《はいみち》廊下に入る。この廊下は宮中のなかでも、格式の高い廊下で、端廊下よりも一段高くなっている。端廊下から、将軍が参内時に控える麝香間《じゃこうのま》にいたる距離は、六六メートルほどある。将軍や大名たちは供と切り離され、一人で長い廊下を進むが、途中で緊張感や種々の雑念に囚われたであろう。晴れた日には、進行方向の右側にある清涼殿の前庭から西日が漏れ、廊下を明るく照らす。そして、麝香間を過ぎたところで、右（南）に折れ、小御所に接続する廊下に座して天皇との謁見を待つのである。
小御所は天皇の御座がある上段、つづいて中段、下段に分かれるが、宗城らは池田慶徳を先頭に、下段のさらに外側の南廂《みなみびさし》という板敷きの場で、御簾の向こうの龍顔《りゅうがん》（天皇の顔）を拝した。つづいて下段に進み、盃を頂戴し無事に式は終了した。宗城はこの日、孝《こう》明《めい》天皇の信頼厚い皇族である、中川宮朝彦親王《なかがわのみやあさひこ》（この時期は粟田宮《あわたのみや》、以下中川宮に統一）から前年の一二月に言い含められたアドバイスを思い返している。それは、おおよそつぎのようなものであった。わかりやすく現代語で示す。

近々宗城の参内が許されるだろうが、その時伝奏より、よく龍顔を拝してから平伏《ひれふ》すようにとの伝達があるので、なお心にとめておくこと。また、そのとき天皇が（合図として）咳をされるので、注意しておくように。さらに、天盃《てんぱい》も天皇自身が実際に召し上がるので、天盃を頂戴したあと、注意して確認するようにとの、天皇の内々の御沙汰である（『伊達宗城在京日記』、四四頁）。

これに恐懼《きょうく》した宗城は、親王に対し、「それは誰に対してもそうなのですか」と尋ねたところ、「どういうわけか、あなたに限ったことのようです」との返答だった。宮は宗城だけの、天皇の特別な措置だと示唆したのである。
このことを記憶に止めながら対面に臨んだ宗城は、本番で三方《さんぼう》に載せた太刀・目録を小御所の下段畳一畳目に置いたあと、南廂でじっくりと龍顔を拝するつもりだったが、「自然と平伏」してしまった。それについて宗城はつぎのように記録する。今度は日記の原文で示そう。

恐れながら、玉体は半上白、半下赤と拝し奉り候のみ、畢《おわり》て御廊下に相控え居り候内、宮様仰せのごとく、御せき（咳）は何分伺い奉らず、もし伺い損じ候やと心痛限り無く存じ奉り候……

つまり、上段の御簾中にあった天皇の顔はよく見えず、御簾ごしに上半身が白で下半身が赤の装束だったことしかわからなかった。これは御引直衣《おひきのうし》に紅の長袴という天皇に特有の服装である。そして、つぎに天盃頂戴を待つべく廊下に待機しているあいだ、宮が述べた天皇の咳が聞こえなかったことについて、聞き損なったのではないかと、限りない不安にさいなまれた、というのである。
そして今度は、天盃頂戴の番がやってきた。下段一畳目で三献《さんこん》頂戴する。そして二献目頂戴のときだった。上段の御簾のなかで、天皇の咳が聞こえた。宗城は思わず平伏した。天盃を持ったまま下がり、控え廊下で天盃を確認したところ、驚くべきことを発見した。

御口を付けさせられ候や、両所に御酒流れ候跡これあり、実に恐入ぞつと致し候間、掌中へ御酒うつし戴き候て、非蔵人へ相渡し候事……

つまり、天皇が口をつけた跡を発見した宗城は、体に寒気を感じた。そして盃に残る酒を掌中にうつし、天盃は宮中の下級役人である非蔵人に手渡した。天盃は紙に包んで後で家来に渡されるのが決まりであった。

このあと、鶴間に戻ると、行動を共にした池田慶徳から、なぜ盃の酒を手のひらに移してから口にしたのかと不審がられた。宗城は、中川宮の話を語るわけにもいかず、天盃に自分の口をつけては、ありがたみがなくなってしまうと思ったためだと「申のがれ」をしたのである。

天皇の身体を発見

ここで解説を加えると、天盃を頂戴したあと、直接口をつけずに酒を掌中に移すことは、所司代の参内でもおこなっていたことで、決まりに近いものだったようである。宗城への慶徳の質問から推察するに、慶徳はその作法を知らず、頂戴した天盃にそのまま口をつけてしまったのだろう。

それはともかく、このあと池田慶徳、毛利定広、山内豊範の三人は、国事周旋を賞され、天皇の垢のついた着衣を頂戴し、宗城も鶴間で拝見して感銘を受けている。これは推測だが、この着衣下賜がなされなかった宗城に対し、あらかじめ中川宮が気をまわして、天皇を通じて種々の特典を計画した可能性がある。また、宮から依頼を受けた天皇も、うっかり咳をするタイミングをまちがえてしまったのかもしれない。

以上の宗城の参内記録から何が見えてくるだろうか。それは天皇を含む朝廷上層部の大名に対する巧みな操縦術である。「おまえだけ特別だ」というメッセージは、決して宗城だけでなく、ニュアンスは異なりつつも広くおこなわれたであろう。その差異をともなう「特典」としては、拝領物の有無がもっともわかりやすい例であり、前日に参内した京都守護職の松平容保は、純緋の衣を賜り、陣羽織か直垂《ひたたれ》の生地に用いるよう伝達されている（『会津松平家譜』、二三四頁）。

宗城への特別扱いは、それに代わる効果を持ち、天皇の生の身体（玉体）への距離感を縮めることで忠誠心を喚起する方法といえる。大名たちが天皇という新たな「身体」を発見した意義は大きい。天皇に会い、その身体を身近に感ずることは、政治君主としての天皇を発見する第一歩だった。

朝廷サイドから見ても、大名に対し、自分だけの特別な措置だと思い込ませれば、しめたものであった。選ばれし者としての特権意識と満足感を与え、さらに細かい差をつけることで、天皇・朝廷の側は、政治社会に忠誠競争を仕掛けたのである。

「参内」とは言わない久光の参内

ここで、大名の正式参内に先立つ、久光の参内（文久二年閏八月九日）をあらためて見ておこう。久光（図2—3）の場合、無位無官であったため、つづく他の大名参内とは多くの点が異なっていた。まず、久光は幕政改革を命ずる勅使大原重徳《しげとみ》を護衛して、文久二年六月に江戸に到着、使命を終えて八月下旬に江戸を出発、途中生麦事件を起こしつつ、閏八月七日に京都に到着した。

図2—3：島津久光（国立国会図書館蔵）

参内が実現したのは、その直後の閏八月九

日である。関東での周旋状況を天皇が聴取するのが目的とされたが、四月の率兵上洛以降の功績に応える側面があったのはまちがいない。久光は藩主茂久（のち忠義《ただよし》）の実父であり、「国父」として実権を握っていたが、藩の外では、無位無官のただの人であった。そのため、対面場所も小御所ではなく、禁裏の奥向部分にあたる参内殿《さんだいでん》で内々の対面がなされた。参内殿とは、天皇の居所である御《お》常《つね》御《ご》殿《てん》の北西にあり、上皇が天皇と対面する時や、親王や摂家が年始参賀のおりに入る場所とされ、種々の催しもおこなわれた（藤岡通夫『京都御所新訂』、一五頁）。いわば天皇家の私的な空間とも言えよう。そのため、久光は公卿門ではなく、その北にある現在の一般参観の入口にあたる清所御門（御台所御門）から入った。

久光は、島津家と縁戚関係にある近衛《このえ》家から拝領した、烏帽子に武家の礼服である直垂姿で対面に臨み（前述のように官位を有する大名は公家装束である衣冠）、諸記録によれば、天皇は御引直衣姿で、わずかな時間、参内殿の上段に御簾を垂らして内々に出御した。中段には関白近衛忠熙《ただひろ》が座し、久光は中段外側の板縁である西廂《にしびさし》に候した。廂には、議奏の中山忠能や正親町《おおぎまち》三条《さんじょう》実愛《さねなる》、武家伝奏が列座して久光と関東の形勢について問答を交わした。久光には中山を介して御沙汰が伝えられ、格別の思召しとして、御剣を下賜されている（『孝明天皇紀』四、一二〇～一二一頁）。

この久光の禁裏参入の背景は、伝奏の野宮定功の日記によればつぎのようである。すなわち、久光の参内は、それを実現すべく運動した人間たちがいたが、無位無官の者に天皇が対面した例はない。しかし、率兵上洛以来の忠誠にも報いるべきなので、「参内」の呼称ではなく、関東の事情を聞くために召し寄せてはどうかという天皇の案が示された。それに対し久光は再三固辞したが、強いて承諾させたという(「野宮定功国事私記　文久二年甲」宮内庁書陵部蔵)。ここから、天皇自身は無位無官の久光との対面に積極的だったことがうかがえるのである。

ともかく、実質的には天皇と対面する参内だが、表向きは「参内」と言わなかったというわけである。これまでに紹介した大名参内と比較すれば、対面場所やルートの違いだけでなく、龍顔を拝する儀式もなく、天盃下賜もなかった。両者に差があったのも事実である。しかし、久光は他の大名に先駆け、天皇の姿を御簾ごしに発見したのである。

幕府の統制消滅

ところで、無位無官の久光の参内については、久光自身が「官武の御規格」を理由に、当初は辞退を願った。しかし、幕府への対応は朝廷が受けあうことで話が進められ、久光自身は京都所司代や江戸の幕閣に知らせたという(「紹述編年」、『史籍雑纂』一、三二頁)。安政の大獄が、水戸藩と朝廷による直接の接触から起こったことを考えれば、久光といえども、幕府とのいらぬ摩擦を避けるべく慎重だったのだろう。

一方、朝廷は久光が参内した当日の日付で、幕府に対し久光の御所召寄せの件を通告している。それは、「公武御一和、皇国御威光御挽回の御機会」に関係するため、今回は例外的措置であること、以後は事前に相談するというものだった（『孝明天皇紀』四、一二二〜一二三頁）。しかし、以後も朝廷は大名参内につき事後報告をくりかえした。それに対し、朝廷が「虚言」を言ったことになるとの異論が内部から出たが、一〇月一八日には、ついに前言を翻し、幕府に対して、今後「公武御為方精勤《こうぶおためかたせいきん》の輩」があれば、時宜により参内を命じることもあると伝達したのである（「野宮定功国事私記　文久二年甲」一〇月一四日〜一七日の条）。

これについて幕府サイドが抗議の意を示した記録は目にできない。この時期の幕府は、第一章でも見たように、文久改革において、諸大名をともに国家を支える存在として位置づけ直すことを試みていた。その場合、天皇と大名の接触を、幕府が阻む正当な理由は見つけにくかったという事情もあるだろう。

他方、大名のなかには、上洛したにもかかわらず、参内を許可されない者たちもいた。例えば尊攘派が多くを占める、朝廷の国事参政・寄人《よりうど》という役職の人びとは、「尊王攘夷の周旋」や国家への大功の有無によって、参内許可の基準とする考えを持っていた

（『孝明天皇紀』四、四四六〜四四七頁）。また、上層部の右大臣二条斉敬《にじょうなりゆき》（のち関白、摂政）も、同年五月に上京した彦根藩主井伊直憲《なおのり》について、故井伊直弼（前藩主で大老）の縁者であることを理由に、何らの大功も立てないうちの参内許可に反対した（同、六一一頁）。

このように、将軍上洛を前に、多くの大名が天皇・朝廷への臣従化を強めるなかで、参内が許されない大名にとって、ことは重大であった。参内による天盃下賜は、新たな権力ゲームへの参加を意味したのであり、井伊家のような徳川臣下である譜代大名には悩ましい事態の出現だった。

ある公家の危機感

しかし、公家のなかには、このような前例のない大名参内の続出に、懐疑の目を向けている人物もいた。公家の山科言成《やましなときなり》は、文久二年一〇月四日、すなわち毛利慶親が初参内した日の日記につぎのように記している。

> 国士（国持大名の意か）参内の事、慶長以来例無く、武家参内の事は関東（幕府のこと）聞き済みの上に無くては叶い難く、頗《すこぶ》る歎くべき次第なり……（「山科言成卿記」三二、宮内庁書陵部蔵）。

山科は、幕初以来前例のない大名参内が、幕府の許可なくおこなわれたことを批判する。また、日記では島津久光の内々の謁見、毛利の参内をともに世を乱すものとして歎息していた。近世以来、公武関係は禁中並公家諸法度によって幕府優位で推移したとはいえ、その秩序を維持しさえすれば、朝廷は安泰という考えが朝廷関係者にもあった。山科の日記からは、朝廷への武家進出に批判的な筆致を随所に見出せる。これは、それなりの根拠があった。

例えば、将軍上洛前に、京都において攘夷実行を激しく朝廷に働きかけた、熊本藩士の轟《とどろき》武兵衛《ぶへえ》、長州藩士の久坂玄瑞《くさかげんずい》、同寺島忠三郎《てらじまちゅうざぶろう》の三者は、朝廷に意見書を呈した。そこでは、天皇が宮中の奥から出て、身分にとらわれず積極的に臣下の意見を聞くなど、能動的な君主となることを求めているが、そのなかで、大名が近頃参内して天盃を受けているのを例に挙げ、破格の決断を求めているのが注目される（『続再夢紀事』一、三七二〜三七三頁）。つまり、大名の参内と天盃頂戴が、朝廷内の身分秩序の変革と、天皇の政治的能動化の流れに影響を与えていることがわかる。それは、保守的かつ老練な人びとから見れば、宮中の秩序を乱しかねないものだった。

この年五二歳という、当時では老齢の山科にとって、大名参内は、安定した秩序に波瀾を呼び起こすものに感じられたのである。

2　将軍参内と誓約の空間

将軍の参内

三代家光以来の将軍参内は、文久三年（一八六三）三月七日におこなわれた。三月四日に入京した将軍家茂は、当日二条城の東大手門を出て西堀川通を北上した。服装は麻上下の略装で駕籠に乗った。途中東に折れて中立売《なかだちゆうり》通りに入り、直進して中立売御門を潜ると、そのすぐ左手の施薬院《せやくいん》で衣冠に着替え、宮中からの知らせを待った。施薬院は、本来幕府の医療施設であるが、所司代が参内前に準備を整える際にも使用され、第一回の将軍上洛後には、京都守護職の松平容保が一時滞在するなど、宿所としても使用された。将軍が施薬院で装束を着するのは、幕初からの慣例である。

そして参内の刻限が来た。衣冠を着した将軍は、施薬院から轅《ながえ》という輿に乗り、行列を立てて公卿門に向かい、随従大名は徒歩で従った。図2—4は、翌文久四年（一八六四）正月の二度目の将軍参内に際しての摺物《すりもの》である。もとより正確な写実ではないが、イメー

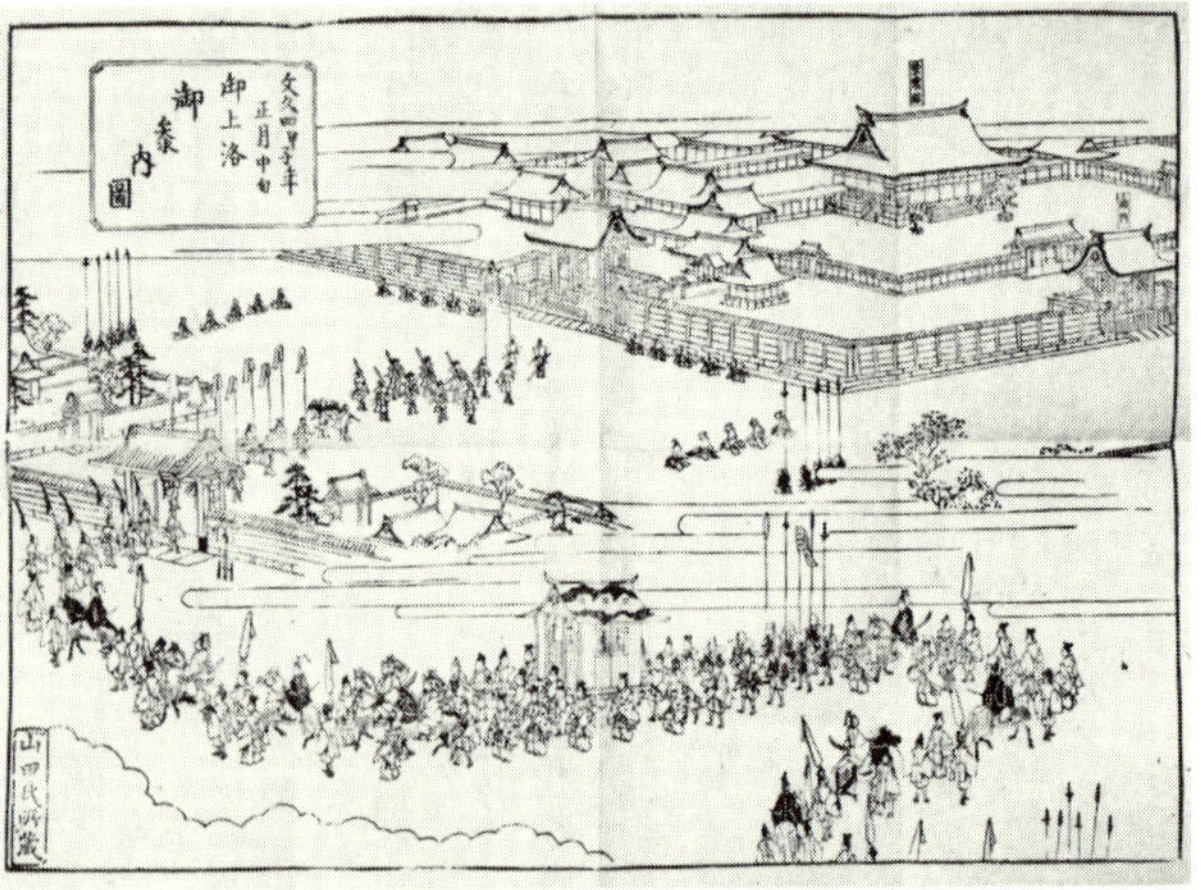

図2—4：将軍参内を描いた摺物（部分。小浜市教育委員会提供）

ジをつかむにはよいだろう。行列の先頭が向かっているのが公卿門で、左側なかほどに見える中立売御門の左脇に描かれるのが施薬院である。将軍は中央下に描かれる輿で示され、前後に騎馬の大名たちがつづいている。このような摺物が速報として売られたのだろう。

通常、参内する大名の行列は洛中の見物対象となり、中立売御門から公卿門までのあいだは、見物に押し寄せた人びとや公家屋敷からの視線にさらされた。その状況は、将軍参内でも同様であった。

将軍家僣上の次第

ところで、尊攘派の首領格で議奏の要職にあった、三条実美の関係文書のなかに、「徳川家寛永中上京僣上《せんじょう》之次第旧記抜萃」という興味深い史料が残されている（「三条家文書」国立国会図書館憲政資料室蔵一四―三二）。作成者が三条かどうかわからないが、寛永期の将軍参内は「僣上」の振る舞いがあったという認識がこのタイトルに表れている。ちなみに「僣上」とは、身分が下の者が上を真似る、奢《おご》るなどの意味である。では、いかなる点が僣上とされたのだろうか。

その一部を紹介すると、三代家光の上洛のおり、洛外の日岡《ひのおか》まで、公家が機嫌伺いのための使者を差し出したこと、また家光が参内する際、禁裏の門内まで輿で入ったこと、さらに、家光が天皇と向かいあって座り、天皇が家光に酌をし、家光からも天皇に酌をしたことなどを列挙し、これらに類することを「僣上不敬」として改正するように主張している。

三条は文久二年（一八六二）の一〇月に勅使として江戸に下ったおり、従来の将軍優位ともいうべき勅使の待遇改善を強要して成功した体験の持ち主だった。これが三条とその周辺の朝権伸張・対幕強硬派の意見を代表したものである可能性は高い。そして、三月七日におこなわれた家茂初参内を右に即して見るならば、「僣上不敬」として指摘されたような状況は、まったく見られなかったのである。

麝香間で追い詰められる

当日、家茂は公卿門の前で轅を降りると、沓《くつ》を履いて門を入った。そして、車寄から非蔵人の案内で一人で昇殿する。随従した大名たちは、諸大夫間からの昇殿である。家茂は天顔を拝する前に、御拝道廊下の脇にある麝香間《じゃこうのま》で休息するが、問題はこの部屋である。

麝香間は、一六畳からなる摂家や親王、大臣、宮門跡《みやもんぜき》（出家した皇族）などが控える格式の高い部屋である。つまり内大臣である家茂がこの部屋に通されたというのは、朝廷の官位通りの扱いということになる。しかし、ここで六位の蔵人《くろうど》（殿上人の最下位）が陪膳（接待）の役をつとめたのは、摂家や親王にくらべて格落ち扱いであった。通常これらの人びとに対しては、四位・五位の家柄の良い殿上人が接待をおこなうのである。

この日、将軍後見職で家茂より九歳年配の一橋慶喜は、この部屋に接する御拝道廊下の、屏風で囲った場所に控えていた。身分が中納言である慶喜は麝香間に入れないからである。慶喜は、のち『徳川慶喜公伝』編纂のための明治四三年（一九一〇）の聞取調査で、質問者による「将軍家の御参内になります時は、御前《ごぜん》（慶喜）などは別の間にお控えになっておりますか」との質問に対し、つぎのように答えている。

ここの間が麝香の間とすると、ここに（将軍が）いらっしゃる、麝香の間の外に廊下がある、廊下の向こうの端へ行って坐っている、それでここへ国事掛などがずんずんはいって来て、入口のところへ来て聴いている、どうもいろいろ言うにいわれぬことがある。あからさまに話せばそうだ（『昔夢会筆記』、二〇八頁）。

解説すると、三条実美らに同調する中下級の公家、ここでは国事参政・寄人という役職の人びとが、麝香間の家茂のところに押しかけたというのである。これはほんとうだろうか。種々の史料によればどうもほんとうのようである。

伝奏の野宮定功の日記などを参考にすると、右の情景は、家茂が天皇との対面を終え、退出前に麝香間で休息していた時のことだった（「野宮定功公武御用記　文久二年」二、宮内庁書陵部蔵）。家茂はここで、攘夷実行の期日を示すことを迫られたらしい。麝香間に入れない慶喜は、一人で何人もの公家たちを相手にした一八歳の将軍を助けることができなかった。後年旧幕臣たちが回顧して、家茂の苦難を説いた心情がよく理解できるだろう。

天皇と将軍

将軍の格落ちはまだある。宮中の席次についても、秀忠と家光のころは、必ずしも官位に拘《こだわ》らない別格の扱いだったが、家茂は内大臣として、関白や三公（左大臣、右大臣、内大臣）の次であった。しかも、公家の内大臣は徳大寺公純《とくだいじきんいと》で、家茂の方が先任であったにもかかわらず、徳大寺が上席とされた。これは政治的流れから見れば、将軍の特別な立場が否定され、大名などと等しく天皇・公家の秩序に組み込まれる王政復古の方向である。

このような視点から、将軍参内に早くから警鐘を鳴らしていた幕府関係者もいる。将軍に従って上洛した老中水野忠精《ただきよ》に呈された、ある人物からの意見書にはつぎのような一節がある。

大小名を帥《ひき》ゆと云こと、長州・薩州の秘策なるに相違なし、将軍家、薩州・長州等と共に天顔を拝し給ふ時は、自然征夷大将軍と中将・少将等と共に、人臣の位階に並列したまふ寸《とき》は、将軍家は至て軽く、国持大名は自ら重くなる形なり、是亦長州・薩州姦謀の奥意なり（「水野家文書」A一〇—五六）。

つまり、将軍が大名とともに、天皇の臣下として参内することは、自然と朝廷官位のもとに両者が同列となり、将軍の扱いは軽くなり、逆に大名の扱いは相対的に重くなる、というものである。そこから、将軍の参内はその権威を落とすための薩長の策略だ、という見方が生まれる。これはややうがった見方と言えるが、客観的にこのような意味合いが含まれることも事実だった。

そのためであろう。京都守護職の松平容保は、将軍の上洛以前に、今回の参内が往古の常典によらず、将軍も公家も関係なくただ「官位の順次」が基準とされることを知り、危機感を持ち朝廷上層部に掛け合ったという（『会津藩庁記録』一、三二一〜三二二頁）。

この上洛において、天皇という権力者のもとに、将軍以下諸大名が従う政治空間が成立した。伝統社会では、儀礼はそのまま権力の表現でもある。さらに、この参内で、将軍への大政委任の再確認を求めた一橋慶喜らの運動は実らず、攘夷実行の権限のみが委任されるという事態となった（『孝明天皇紀』四、四六四〜四六五頁）。国政担当者であるはずの将軍は、一時的とはいえ、政権担当者の地位から滑り落ちたのである。

二度目の上洛

もっとも、孝明天皇自身は、ひたすら自己の権力伸張と将軍権力の衰微を望んでいたわけではない。天皇は国政への関心を強めつつも、大政委任を強く支持した人物であった。また将軍家茂とは和宮を介した義理の兄弟でもあり、信頼の念は厚かった。その天皇が、三条実美をはじめ、文久三年二月に設置された、前述の国事参政・寄人に就任した中下級公家の勢いに押され、幕府との不和を招きかねない御沙汰を連発したのが、将軍上洛前後の状況であった。

天皇は、自らと同じく朝廷優位の公武合体を支持する、皇族の中川宮などと連携し、攘夷・王政復古にひた走る三条らの排除を狙っていた。そして、将軍帰府後、八月一八日に会津・薩摩両藩と連携し、両藩や所司代の兵により禁裏御所の諸門を封鎖のうえ、クーデターを断行した。これにより、国事参政と寄人は廃止され、三条とこれらの役職にあった公家は、参内停止、他行・他人面会禁止の処分となり、長州藩は堺町御門の警備を免じられ、大和国親征行幸も中止となった（文久政変）。その後、三条を含む七卿は長州藩兵とともに、朝廷に無断で長州へと落ちていった（七卿落ち）。

天皇は、朝廷内での自らの主導権を回復したのである。その結果を受けた文久四年（二月二〇日に元治に改元）正月の二度目の将軍上洛は、薩摩・越前・宇和島・土佐など有志大名（隠居と藩主の父）たちの協力もあり、前年とは異なるものとなった。

将軍家茂は正月一五日に入京し、翌一六日には到着を祝す勅使が二条城に派遣され、天皇より板輿《いたごし》が贈られた。これは五摂家、親王以外に賜ることはないもので、三代以前の将軍に迫る優遇措置と言われる（松平春嶽「逸事史補」『松平春嶽全集』一、三二八～三二九頁）。

参内前日（二〇日）には右大臣昇進の内意が伝達され、家茂は衣冠姿で板輿に乗り込み、大名を従えて施薬院に向かった。ここでも、前年は許されなかった洛中の人払いや、通行止めが実施され、その威勢は、参内途中で足止めされた中川宮が憤慨するほどであった（『伊達宗城在京日記』、三一六頁以下）。家茂は乗輿《じょうよ》のまま公卿門を入り車寄前で降りたが、これは、将軍が本来、牛車宣下《ぎっしゃせんげ》を受けていることに基づく。しかし、それにもかかわらず、前回の上洛では玄関に輿をつけることは認められなかったのである。今回はそれに加え、公卿門内は摂家・大臣らと同様に周囲の制止がなされた。

その他にも、このとき、将軍後見職の一橋慶喜の車寄からの昇降が許され、慶喜は宮中で直衣《のうし》の着用が許された（直衣勅許）。直衣は高位の人びとが着す略服の一種であり、宮中に略服で参内できるのは特権のひとつであったが、これは将軍の待遇が上がったことの反映である。また、参内時に家茂を麝香間で接待したのは、摂家・親王と同じ四位・五位の殿上人であった。家茂は小御所で天皇と対面したあと、天皇のプライベート空間である御常御殿で、天皇より天酌を賜るなどの大きな変化が見られた。

武家専用廊下の出現

この二度目の上洛の特徴として特筆すべきことはまだある。それは禁裏内部の構造に変化が現れたことである。図2―5によって説明すると、新たに車寄前の南北に走る廊下が二本になり、かつ東の小御所に向かう端廊下の内側（南側）に、並行して御拝道廊下に接

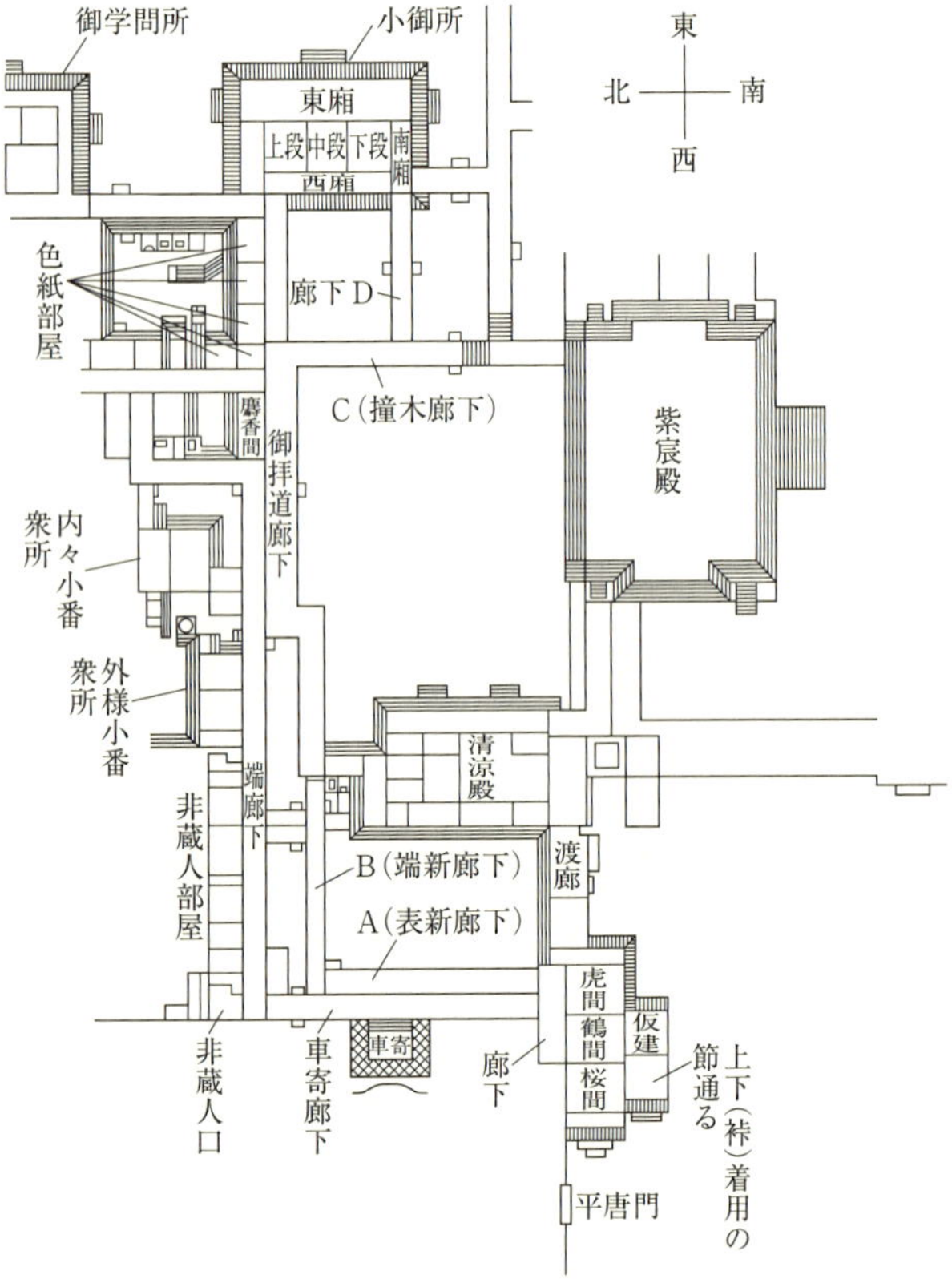

図2—5：表新廊下、端新廊下の図（宮内庁書陵部蔵「京都御所之図」（218-218）、「京都御所取調書」上〈研究代表者高木博志『明治維新と京都文化の変容』、60頁〉をもとに作成）

続する、新しい廊下が登場したことである。前者の車寄廊下に並行する廊下を「表新廊下」（A）、後者の端廊下に並行する廊下を、「端新廊下」（B）と称するようになった。

この一見複雑な印象を与える玄関口付近の構造は、現在の京都御所でもそのまま維持されている。しかし、我々はなぜこのようなかたちになっているのか、その目的や理由を既刊の概説書や研究書の類からは知ることができない。

この構造は、将軍家茂の二度目の上洛に合わせて出現したもので、文久三年一二月の末にできあがり、維新変革を経た明治以降、大正・昭和まで維持され、戦前の建物疎開をへて、戦後に復元されたものなのである。つまり、幕末〜明治期の変革に対応した構造であった。

右の廊下増設の背景について、筆者の研究成果を用いて述べると（拙稿「幕末政治と禁裏空間の変容」）、新設の理由は、文久二年以降の将軍・大名の参内増加にあった。伝奏の野宮定功が幕府の禁裏附《きんりづき》（旗本二人が就任）に下した書付によれば、車寄廊下から端廊下の付近は、日常的に公家が参内して詰所などに入るうえで頻繁に利用するため、畳の傷みなどが激しかった。それでは将軍再上洛に際して不都合なので、廊下を新たに増設し、諸大名の参内などの便宜にも供したいというものであった。

王政復古の歴史的遺産

その結果、幕府側の同意も得て、将軍上洛に合わせて急ピッチで作事が進められ、約一ヵ月の工期を経て廊下は完成した。ふたたび上洛した家茂は、この新しい廊下を経て例の麝香間に入った。先に家茂に対する待遇改善について述べたが、板輿の拝領、右大臣昇進（後日正二位から従一位となる）とともに、新しい廊下も家茂のために用意されたともいえる。

しかし、あらためて考えると、畳の破損が激しければ、新しいものに入れ替えれば済むことである。にもかかわらず、あえて廊下を増設したのは、今後も将軍や大名などの武家の参内が継続し、かつ増えつづけることへの長期的視点があったからだろう。元来は、非日常的風景であったはずの将軍・大名の参内が、日常化しつつあったことが、この構造の変化からもうかがえるというわけである。

そして、車寄廊下に並行する表新廊下（A）は、車寄から参内する将軍が使うことはなく、諸大夫間から御拝道廊下に入る大名の、ほぼ専用ともいえる廊下であった。つまり、当初は未分化であった公家と武家、さらに武家のなかでも将軍と大名の参内ルートが、武家参内の常態化によって、区別されはじめたとも言える。現在、京都御所の一般参観では、車寄を外側から拝観することが可能だが、障子によってそのなかは見えない。また障子が開いていても、（A）の廊下は壁に阻まれて見るのは不可能である。車寄廊下の壁の向こうに、もうひとつの廊下が存在していることを、多くの人は知らない。まさしく、それは王政復古への道程を指し示す歴史的遺産なのである。

二度の宸翰

この家茂二度目の上洛のハイライトは、先に見た正月二一日の参内と、つづく二七日の参内であった。両日に共通するのは、天皇から将軍に対し、宸翰《しんかん》（天皇の手紙）が示されたことにある。幕末期の政治文書の代表的なものとして、「勅諚《ちょくじょう》」や「御沙汰書《ごさたしょ》」と言われるものがある。これらは、天皇の考えや命令を、側近の者が伝達するという、間接伝達のかたちをとる朝廷文書である。対して、宸翰は天皇が自ら「朕《ちん》……」と直接語り、「汝……」と相手に語りかける形態をとることで、ストレートに天皇の考えが示される。二一日の宸翰は、天皇と将軍を親子にたとえ、両者の親睦が天下挽回の成否に関わるとする、重要な意思が示されていた。関白二条斉敬に誘導されて、家茂は天皇の御座がある上段でその宸翰を拝した（『伊達宗城在京日記』、三一四頁）。

そして、つづく二七日にも家茂が参内して、ふたたび新たな宸翰が示された。そこではかつてない光景が見られた。この日、参内した家茂に随従した大名の数は、史料により異同があるが、四二～四四名と見られる。これは正月二一日とほぼ同じ規模である。ただ、二一日と異なるのは、天皇の宸翰を大名たちも拝見したことである。

上段において宸翰を拝見した家茂が、それを拝受したまま中段に下がると、殿上人が持ち出した文台に宸翰を置く。それを伝奏の野宮が中段の中央（下から二畳目）に置くと、まず将軍後見職の一橋慶喜が下段より進んで拝見し、つづいて随従大名が下段で天顔を拝したのち、五人ずつ中段に進み、順々に宸翰を拝見した。そして、それが済むと、宸翰は家茂から上段の天皇に返上されたのである（「野宮定功公武御用記　文久四年」四、正月二七日の条）。

誓約の空間

この参内に随従した大名のなかに、伊勢国長島藩主の増山正修《ますやままさなが》という人物がいる。幕府の奏者番という儀式進行の役を務めており、詳細な日記の写しが別の大名の手によって残されている（「御上洛御供日記」国立国会図書館古典籍資料室蔵）。その際の、宸翰拝見のセレモニーを図示したものが、図2―6である。中段のやや下方に文台が置かれ、増山を含めた五人の大名がこれを取り巻くようにしている。下段には多数の大名が自分の番を待っている。南面する天皇に対して将軍は中段の東側（天皇より見て左）に、関白や大臣の次に控えているのがわかる（図には「公方様」とある）。

宸翰の内容は、天皇と将軍、全国の大名を親子にたとえ、三者が協力して天下を一新することを誓うもので、二一日の宸翰とくらべ、大名も将軍と等しく「皆朕か赤子《せきし》」とされ、国家の頂点に立つ君主としての天皇の姿勢がより明確になっている。大名が将軍にひきつづき、天皇の面前で勅書を拝するというかたちが取られたのは、そのためである。しかも、

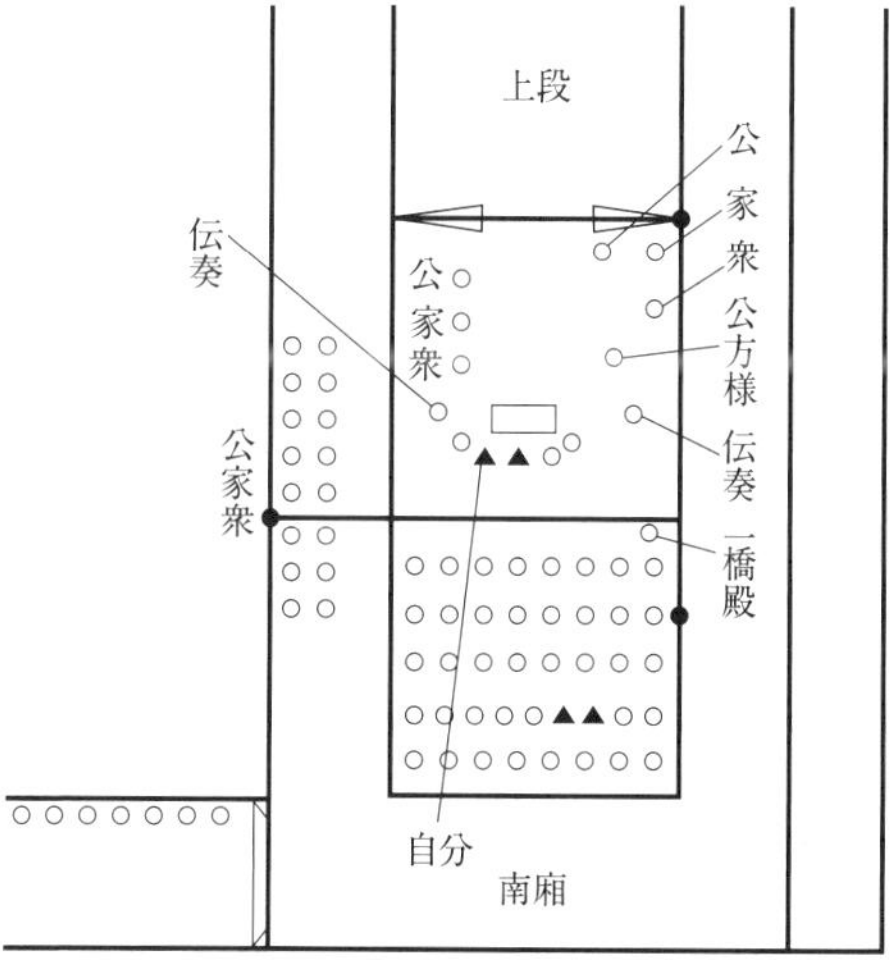

図2—6：小御所の図（「御上洛御供日記」より）

この勅書の内容はすこぶる長文であり、文台に置かれたものをじっくり読む時間はなかったであろう。大名たちも緊張のなかで式次第に違《たが》えないよう神経を集中していたはずであり、じゅうぶん頭に入ったとは思えない。

しかし、このセレモニーで重視されたのは、実際に宸翰を読み、それを理解することより、天皇の御前で、将軍と大名がともに宸翰を拝見するという形式、あるいは「拝読した」という事実であろう。将軍と大名は、宸翰を介して天皇の声に触れた。また、宸翰は

一方で、天皇自身の誓いの文章でもあるからして、天皇が将軍と大名を前に誓いを立てたに等しい。それを見た将軍と大名も、挙国一致のために励まなくてはならない。まさしく誓約の空間である。

それにしても、天皇の御前に公武両者（公家と将軍・大名）が一堂に会し、誓いを新たにするという形式は、慶応四年（一八六八）三月一四日の五箇条誓文の誓約儀式につながる道ともいえよう。もっとも、そのおりは、将軍はすでに存在せず、場所も小御所ではなく紫宸殿、さらに万世一系の神道イデオロギーによる装飾がなされたという顕著な違いがあったが、そこに至る前提として無視することはできない。

深まる将軍の臣従化

以後、家茂がひきつづき滞京するなか、四月二〇日に在京中の将軍に対し、あらためて大政委任を確認する勅書が下された。しかし、国家の重大事は事前に奏聞《そうもん》を義務づける条件つきであり、天皇という君主のもとで、国家を安泰たらしめる政治を実行するのが前提である。つまり、将軍が三代家光以前のような権力を復活させたのでは決してなかった。

この点に関わり、近年の研究であるジョン・ブリーン『儀礼と権力――天皇の明治維新』は興味深い見解を示している。そこでは、一回目の将軍上洛・参内を契機に、天皇のもとで国家意思が形成され、国家のシンボルである天皇中心の儀礼と秩序を有する新たな空間が京都に誕生したとする。そして、このような国家形態を、「孝明政権」と命名した（四八〜五〇頁）。氏がその議論のなかで、文久の上洛と元治の上洛は、表向きの将軍に対する待遇の顕著な違いはあっても、天皇を頂点とした新たな政治体制に変化はなかったとする点は、以上に見てきたことからも納得できる。これを突き詰めれば、王政復古ということになる。

しかし、その一方で、将軍が天皇に対して従属的な地位になったとしても、政権としての実態はやはり幕府にあった点は忘れてはならない。例えば、日常的に横浜や江戸で発生する外交・貿易問題の処理、以後の長州征討問題などの高度な政治的問題への対処は、将軍・幕府の判断を抜きに考えられず、単なる行政の執行機関に成りさがったわけではない。それを考えれば、単純に「孝明政権」云々というのは、妥当ではない。また、そうでなければ慶応三年（一八六七）一〇月の大政奉還も理解できなくなる。王政復古の潮流が強まったことと、実現したかどうかは別の話である。

また、王政復古を実現させるうえで、他でもない天皇自身が幕府への大政委任を肯定しているのは見逃せない。大政委任を支持する天皇は、王政復古をめざす廷臣と対立を深め、公武合体路線をとる、島津久光ら有志大名とつながりを強めていくのである。

3　天皇とつながる大名たち

薩摩藩と宸翰

幕府が重要な政策を遂行するに際し、天皇の意向は無視できなくなった。そのため、天皇を独占するための幕府の死闘はより激しさを増すことになる。相手は将軍上洛以前より、天皇に接近していた有志大名（雄藩）であった。彼らは将軍上洛を経て、政治的にも空間的にも、一層天皇に接近していたのである。

その危険性を幕府関係者に強く突きつけたのが、先の文久四年（一八六四）正月二一・二七日の宸翰であった。この両宸翰は、ともに島津久光が下書きをし、天皇がそのまま採用したものであることが近年の研究では認知されている。親長州派の公家に対抗し、朝廷での主導権を確実にしたい天皇は、久光に強く依頼していた。それが、この宸翰問題となって現れたのである。久光はこの時期無位無官だった状況から従四位下少将に任じられ、松平春嶽、伊達宗城、山内容堂、さらに一橋慶喜（将軍後見職）、松平容保（京都守護職）とともに、「朝議参予」に任命された（いわゆる参予会議）。

この宸翰をめぐる問題は、参予会議がわずか二ヵ月足らずで解体した原因とも直結する重大な問題であった。参予会議が解体した原因については、幕府と有志大名との不仲や、政策をめぐる食い違いなどが指摘されてきたが、現在では、宸翰との関連で解釈されるようになっている。すなわち、宸翰の草案を久光が書いた事実を察知した将軍後見職の一橋慶喜が、薩摩によって天皇が奪われるという危機感のもと、久光と天皇の関係を制度的に保障する参予会議を解体に追い込んだというものである（原口清『幕末中央政局の動向』、三〇八〜三〇九頁）。

この点を敷衍《ふえん》すると、すでに見たように宸翰自体は、たとえ久光が書いたとしても、天皇の宸翰として出されたことに変わりはない。またその内容が、将軍と天皇の親密さを強調していることから言えるように、幕府にとって都合の良い部分が多分に含まれていた。そのため、慶喜が宸翰を否定したり、久光との関係を暴露することは、勅命の正当性を揺るがせ、敵対する長州藩などを利することにもなりかねない。それだけに、慶喜を悩ませることになったのである。その結果、慶喜が選択したのが天皇と久光の関係を制度的に保障する参予会議の解体だったというわけである。久光＝薩摩藩の個別意思が、天皇の宸翰というかたちを取って、将軍と他の大名を拘束する事態は、幕府の存在意義の否定でなくてなんであろう。

この事件が、大名の禁裏空間への進出のあり方に重大な影響を与えるのであるが、以下それについて見ていこう。

小御所の政治化

やや遡るが、文久政変直後の文久三年（一八六三）八月二六日、守護職、所司代、高家など幕府関係者を含めた一五名の大名が、小御所の中段で宸翰を拝見した事実は重要である。その宸翰は、三条実美らが朝議を牛耳っていた八月一八日より前に出された勅書をして、「真偽不分明」とし、一八日以後が真意であると天皇自らが表明した重要な内容であった。このような宸翰を介した重大な天皇の意思伝達が、将軍不在の状況下でおこなわれ、天皇と大名の独自の君臣関係が作動していることがわかる。なお、この時参内した大名のなかには、無位無官の者二名を含み、彼らは下段外側の南廂に入ることができず、その外側の簀子《すのこ》という外縁において宸翰を拝した（『孝明天皇紀』四、八四九〜八五一頁）。

さらに、大名のなかには、将軍家茂が六月に江戸に帰府して以降、朝議に参画する者も出はじめた。それは、朝廷が在京の有力大名に依頼することが増えたからである。特に文久政変を経て、家茂二度目の上洛までのあいだ、朝廷の政治に深く関わった大名としては、池田慶徳（鳥取藩主）、上杉斉憲《うえすぎなりのり》（米沢藩主）、池田茂政《もちまさ》（岡山藩主）、蜂須賀茂韶《はちすかもちあき》（阿波藩世子）など、外様大名ながら、国力や家柄から朝廷に期待された大名たちがいる。彼らは、長州藩や三条実美らと路線を異にし、穏健な立場から朝廷・幕府の協調を軸に運動を展開した。

特に池田慶徳・茂政（両人はともに前水戸藩主徳川斉昭の実子）などは、ときに天皇と関白の意向を受けて、内々に天皇の御下問案の作成にまで関与している。これは、天皇自身が三条らが推進する過激な攘夷親征運動に対抗し、幕府との関係を重視する慶徳らの意見を採用するというかたちで、三条らの路線を否定しようとして企てたものだった。

しかし、結果は天皇が三条らに屈するかたちとなり、八月一三日に大和国親征行幸の詔《みことのり》を下すにいたった（前述のように文久政変で中止）。すると慶徳らは、小御所で伝奏・議奏に対し、天皇の御前での意見奏上を強く求め、中段において上段の御簾中に出御した天皇に意見を言上したのである（『贈従一位池田慶徳公御伝記』二、四五二〜四五五頁）。

慶徳は、一月に伊達宗城らと参内したおり、天盃の扱いさえよくわからない状態だったが、一年も経たないうちに、小御所で天皇と政治的コミュニケーションを取り結ぶ位置にいたのである。慶徳らが天皇の御下問案を作成したことは、久光の宸翰問題に先立つ出来事であった。

参予大名と小御所会議

ところで、先の久光も構成員とする参予会議は、天皇といかなる距離にあったであろうか。参予の一人伊達宗城の日記では、参予大名の国事評議への参加は文久四年の正月から三月（二月二〇日に元治に改元）までのあいだに全部で七回確認できる（一日に二回の場合もある）。この会議には関白や大臣、国事御用掛の中川宮などが参加しているが、武家サイドでは、時に参予以外の有力藩の藩主に準じる人びと（世子・兄弟）も出席したようである（「久光公上京日録」『鹿児島県史料　玉里島津家史料』二、七五三頁）。

宗城の日記では、例えば、二月一三日の記事には、つぎのようにある。

四時頃《よつどき》（夜一〇時頃）参内、程無く伝奏に謁し、案内にて小御所御中段へ出る、諸卿参会、尤《もっとも》今夜は御上段御簾を垂れられ、出御《しゅつぎょ》の御様子なり……

つまり、中段に出た宗城が見たところ、この夜は上段に御簾が垂れており、天皇がいる様子だったというのである（『伊達宗城在京日記』、三三四頁）。天皇の内々の出御は二月一五日にも確認された。

宗城の日記から判断するかぎり、天皇の出御がないときは、小御所の下段で評議がおこなわれ、天皇が内々出御するときは、上段に御簾を垂らし、中段で評議がおこなわれたことがわかる。天皇がいる場合は、参加した大名たちは、当然自らが発する言葉が、天皇の耳に届くことを意識するだろう。

また、右の天皇の出御が確認できる二月一三日は、長州藩の処分について参予に諮問がなされており、一五日は、正月の宸翰に対する将軍の請書《うけしょ》の文言など、重大な案件が議題に上っている。天皇がどのような基準で、出席を判断していたかわからないが、天皇は公武の有力者が会する評議に出座し、御簾の後ろから耳を澄ませていたのである。

小御所会議の意義

このように、小御所における天皇を前にした公家と武家の有力者会議というと、我々は慶応三年（一八六七）一二月九日の王政復古政変に際しておこなわれた小御所会議を想起するだろう。後述するように、小御所は本来清涼殿の代わりに践祚《せんそ》儀礼がおこなわれたり、昭陽舎《しょうようしゃ》（東宮の居所）の代わりとされたりする、格式の高い場所である。その場所が、公武両者による政治的評議が、恒常的におこなわれる場所へと変化しはじめた。

また、宮中には小御所のほかにも、参予大名や先の池田慶徳などの大名たち、幕府関係者が朝廷関係者と評議する場所が存在した。大名が控える諸大夫間の一つである虎間、そして鶴間に隣接する仮建《かりだて》という仮設の建物であり、また別に露台《ろだい》という名称の、小御所と紫宸殿をつなぐ廊下に位置する板敷きの空間などである。小御所を評議に用いる際の基準はよくわからないが、小御所が他の場所と決定的に異なるのは、右に見たように、天皇が武臣（大名）の意見を密かに聴きたいと思えば、それが可能な場所だったという点である。

参予大名にとり、小御所は天皇との物理的距離の近さを保証する重要な空間だった。したがって、慶喜によって参予会議が解体されて以後、種々の史料を見るかぎり、有力大名が参加する小御所会議が見られなくなるのは、単なる偶然ではないだろう。参予会議解体は、単に慶喜が雄藩の政治的進出を阻む結果を招いただけではない。空間の視点から見れば、大名の宮中への進出という時代の流れに対して強力な杭を打ち込んだことになる。天皇を独占するのは誰かという問いは、重みを増すことになった。

空間からわかる天皇の真意

このように、参予会議解体以前、小御所など宮中の東側の部分に進出した大名たちだが、彼らが決して入れなかったのが小御所の北側にある御学問所《おがくもんじょ》、御常御殿である。御学問所は天皇が公家と対面する時に用いられ、同所と廊下を挟んで向かい側には、関白が祗候する八景間《はっけいのま》や、議奏、近習《きんじゅう》など公家諸役が祗候する部屋が集まる禁裏中枢があった。一方、御常御殿は天皇の日常の居所であり、同御殿より北側には、孝明天皇の好みが反映した迎春《こうしゅん》（書見の間）、御涼所《おすずみどころ》、茶室の聴雪《ちょうせつ》など、天皇のプライベート空間が広がっていた。幕末期に御学問所より北に足を踏み入れたのは、将軍とそれに準じる人びと（将軍後見職の一橋慶喜や、一時同様の役割をになった前尾張藩主の徳川慶勝《よしかつ》）だけであった。

例えば、家茂を例にとってみると、文久・元治二度の上洛、さらに、慶応元年（一八六五）以降の長州再征での長期滞坂にともなう参内も合わせると、御学問所に入ったのは七回、御常御殿は一二回（一日二度の場合はそれぞれを計上した）にのぼり、全二〇回の参内のうち、小御所のみの対面で終わったのは、わずか三回に過ぎない。また、御常御殿での対面中、九回は小座敷での対面である。小座敷とは、孝明天皇時代は関白との対面に用いられた特別な空間である。これらの場で、しばしば天酌が見られ、さらに、天皇と関白など朝廷上層部と家茂による酒宴がおこなわれた。

特に茶室である聴雪は、天皇の居住空間のなかではもっとも北、つまり奥にあり、表の格式張った空間から離れたところにある。同所は安政三年（一八五六）に孝明天皇の好みで作られ、天皇が愛用したと言い伝えられ、宮中を取り巻く政局の喧噪から遮断された、静謐な私的空間である。元治元年（一八六四）三月二九日に家茂が参内したおり、内々に聴雪において、天皇ほか関白や中川宮などの饗応を受けたことは注目される（『孝明天皇紀』五、一一七頁)。

このように、「表」の将軍への待遇にくらべ、天皇のプライベート空間での将軍への厚遇は一貫していた。天皇自身は、将軍を優遇し、親密の度を深めることを企図していたとが、この空間活用からわかるのである。しかし、政治社会で影響を与えるのは、圧倒的に「表」の待遇であり、「奥」での待遇の影響力はより限定的だった。ここに幕府の苦悩があったとも言える。

換言すれば、このとき幕府が依存していたのは、国政上の天皇という存在より、時に迷い判断に揺れる天皇という生身の人格だった。島津久光への天皇の信頼に対して、一橋慶喜や幕府関係者が強い危機感を抱いたのは、そのような背景がある。以後、慶喜による、国制上の天皇と生身の天皇の双方を手中にするための死闘が始まるのである。

4　一会桑の空間支配

一会桑勢力

参予会議を解体に追い込んだ慶喜(図2―7)は、元治元年(一八六四)三月二五日に将軍後見職を辞して、禁裏守衛総督・摂海防禦指揮《せっかいぼうぎょしき》という朝廷の役職に就任した。これは、文字通り禁裏守衛の最高指揮官であり、家茂が元治元年五月に帰府すると、将軍名代的な役割を担うことになる。そして、京都守護職の松平容保と、新たに四月に所司代に就任した桑名藩主松平定敬《さだあき》と連携することで、孝明天皇や朝廷上層部との結びつきを深め、薩摩藩などの有力藩の政治介入を阻止して公武合体を推進することを使命とした。この一橋と会津・桑名の三者を合わせた政治勢力を専門研究では一会桑《いちかいそう》と呼んでいる。

この一会桑は、長州藩や薩摩藩と対立するだけでなく、時に江戸の幕閣や諸有司とも対立した。それは、特に元治元年以降、江戸では将軍権威の再強化をめざす風潮が強くなり、朝廷に対する嫌悪感や反発が強まったからである。そのため、朝廷との協調を重視する一会桑は朝廷サイドとみなされ、将軍に不利益をもたらすとの疑惑を受けた。もとより、彼らにそのような考えがあったわけではなく、朝廷と幕府の協調のためには、それを妨げる江戸の老中以下と対立することを辞さなかったのである。

図2—7：一橋慶喜（茨城県立歴史館蔵）

しかし、その一方で、一会桑にまったく権力への願望がなかったわけではない。天皇と朝廷を独占することは、将軍・幕府の利益になるだけでなく、一会桑が他に優越する権力基盤を構築するのに必要であったのもまちがいない。それだけに、時を追うにつれ、彼らは敵対勢力を増やすことになっていったのである。

禁門の変

その一会桑が朝廷を掌握するうえで、大きな画期となったのが、元治元年七月一九日の禁門の変であった。まず、文久政変で政治の中心から追われた長州藩は、藩主毛利慶親と世子の定広の冤罪《えんざい》を訴え、藩主の入京・復権をめざしたが、朝幕双方によって阻まれつづけた。長州に対する厳戒態勢が敷かれるなかで起きたのが、新選組による著名な六月五日の池田屋事件であった。長州藩士らの殺害は同藩を武力による事態挽回へと追い詰め、さらに、下関での外国船砲撃の報復として計画された、米・英・蘭・仏四ヵ国連合艦隊の襲来予告も、長州藩を冒険的な行動に追い立てた。つまり、外敵を前にした自藩の孤立と、危機を打開するために、ふたたび攘夷の勅命を天皇が下す状況を作り出す必要に迫られたのである。そのためには、文久政変で入京を禁じられた藩主父子の復権と入京を、なんとしても実現しなくてはならず、時間の猶予はなかった。

元治元年六月以降、長州藩の三家老（福原越後《ふくはらえちご》・国司信濃《くにししなの》・益田右衛門介《ますだうえもんのすけ》）に率いられた諸隊や浪士隊が続々と東上し、南は八幡・山崎・伏見の一帯、洛西の嵯峨天龍寺へと集結した。この兵力を背景にした長州の入京歎願運動は、やがてそれを阻む、遺恨重なる松平容保（会津藩）排斥へと進み、禁門の変にいたるのである。

禁裏諸門の警備状況

長州藩の動きが活発化するなか、一会桑を中心に厳戒態勢がとられていく。禁裏を取り巻く諸門は、禁裏・仙洞御所と公家屋敷からなる、築地《ついじ》内と呼ぶ区域を囲む九つの門と、その内側にある禁裏御所の六つの門からなる（一六頁図参照）。ちなみに九門とは、北の今出川御門、南の堺町御門、西側の北から乾御門・中立売御門・蛤《はまぐり》御門・下立売御門、東側の北から石薬師御門・清和院御門・寺町御門を指し、ほぼ現在の京都御苑の敷地に重なる。対して九門の内側にある禁裏六門は、北の朔平《さくへい》門、南の建礼門（南門）、西側の北から准后《じゅごう》御門（皇后御門）・清所御門・公卿門、東側の建春門（日の御門）からなり、それ以外に、穴門（脇門）といわれる通用口が一三あった。

禁裏諸門の警備は、本来所司代の管轄であったが、文久二年（一八六二）以降、幕府と雄藩の諸門警備をめぐる主導権争いが発生した。雄藩は禁裏を守護することで朝廷との関係を強めようとし、固有の軍事力を持たない朝廷も、雄藩の力に依存することで自らの権力強化を考えた。そのような状況に対する幕府の対応が、文久二年閏八月の京都守護職設置と松平容保の就任である。これによって、雄藩と朝廷の結びつきにくさびを打ち込み、幕府が京都守護を主導する狙いであった。

以後、幾多の変遷を経て、守護職・所司代に加え薩摩・長州など雄藩や国持大名合同の警備態勢ができあがっていく。そして、文久三年（一八六三）五月の朔平門外の変（尊攘派公家の姉小路公知殺害）とつづく文久政変は、守護職と所司代が京都警固の実権を掌握する画期となり、以後重要度の高い禁裏の西側諸門を会津・桑名両藩が独占していくことになる（家近良樹『幕末政治と倒幕運動』、一一一〜一二八頁）。つづいて、元治元年三月に一橋慶喜が禁裏守衛総督として最高責任者となり、警察・軍事力を備えた築地内外の警備態勢が強化され、禁門の変を迎えることになる。

松平容保の乗輿一件

まず、事態が急変するのは、六月二七日に長州藩兵の一部が、伏見から嵯峨天龍寺へ移動したのを契機とする。長州藩兵の洛中侵入との報が誤って伝えられると、会津藩では、藩主の容保（図2―8）が、黒谷の金戒光明寺《こんかいこうみょうじ》から病をおして参内した。そのおり、容保が長髪のまま白鉢巻に、麻上下という異様な姿で、駕籠に乗ったまま清所御門から武家玄関まで乗りつけたことが、前代未聞のこととして問題となる。

清所御門は禁裏の勝手口（裏口）にあたり、同門を入ってすぐの武家玄関は、幕府の旗本が務める禁裏附が日々参殿する場所である。非常時の参内ルートとしては特に問題はない。問題視されたのは、容保が駕籠に乗ったまま門を入り、玄関にいたったことであった。将軍ですら場所は違えど、車寄まで輿をつけるのは特別な扱いだった。これは、長州藩に同調する勢力に、容保に対する格好の攻撃材料を提供した。

図2―8：松平容保（国立国会図書館蔵）

親長州派の公家である中山忠能《ただやす》は、参内後に容保が、建礼門（禁裏の南側）前の御花畑の仮屋（急造の建物）に警備を理由に滞在したことも含め、その一連の行為を「天魔の如き所行」と批判した（「中山忠能日記」「大日本維新史料稿本」元治元年六月二七日の条）。のち、容保は建礼門前にある御花畑の仙洞御所寄りにあったと考えられる凝華洞《ぎょうかどう》跡（かつての上皇の屋敷跡とされる）の御殿に移った。

容保攻撃の口実

この件は、容保を信頼する孝明天皇・関白二条斉敬《なりゆき》らと、親長州派公家との争いに発展する。天皇や関白は、非常時のことであるとして問題視せず、天皇は容保の忠誠心に満足の意さえ示した（『会津藩庁記録』四、七三四頁、『孝明天皇紀』五、二六六〜二六七頁）。

しかし、中山らとともに、宮中の口向役人《くちむき》（勝手向の仕事に従事する下級役人）の怒りは大きく、乗輿《じょうよ》参内を見すごした幕府の禁裏附と、その配下の執次《とりつぎ》と言われる朝廷役人の責任を追及し、天皇・関白と対立した。中山は容保の処分がなければ、恐れながら、天皇は先祖代々と子孫にいたるまで、言い訳はできないとまで迫った（『孝明天皇紀』五、二六九頁）。

一見すると、何とも大袈裟な批判のようだが、宮中の儀礼は、身分秩序の具体的表現であり、それが乱されることは、彼らがよって立つ世界の危機でもある。このような危機感は、政敵への憎悪と絡み合い爆発した。

また一方で、中山らの批判は、右のような慣例や伝統破りへの怒りからのみ来るのではない。会津藩に敵対する勢力から見たとき、容保の乗輿一件は、非常時を理由に、会津藩が宮中の奥深くに侵入してくるのではないかという悪夢を喚起させた。それは、のちに長州藩が、容保の洛外放逐を願う願書で、乗輿一件についてつぎのように述べていることからもわかる。

九門を妄鎖《もうさ》仕候趣、全《まったく》己《おのれ》か天誅《てんちゅう》恐怖の余り、禁闕《きんけつ》を以て身固《みがため》となすの手段、無法無礼、朝憲を憚《はばか》らず、幕法を守らざる次第、普天率土《ふてんそつと》驚愕憤怒《きょうがくふんど》の至りに堪へす候……

(『孝明天皇紀』五、二九六頁)。

つまり、容保が禁裏を守護するというのは、自らが攻撃されるのを防ぐため、禁裏を楯にするものであり、朝廷の決まりと幕府の法を守らないのは、許し難いというものである。容保の行動は、天皇を楯に禁裏空間を封鎖したかのようなイメージを与えたのである。これは、容保を洛中から放逐しなくてはならないという考えを一層促進した。また、将軍の配下である容保に対し、幕法破りだと批判しているように、長州藩の攻撃対象は幕府自体ではなかった。

激戦になった禁裏の西側

そして、ついに七月一九日の未明、軍勢の退去を命じる幕府側との交渉が決裂すると、

図2—9：禁門の変図屏風（会津若松市蔵）

容保の洛外放逐と討伐を掲げた長州藩兵は、禁裏御所に兵を進めた。そして、諸門を守る会津や桑名、さらに薩摩ほかの諸藩兵と激突した。長州藩兵は約一〇〇〇人ほどで、福原越後が率いる伏見方面から進発した部隊が南の堺町御門から攻撃をしかけた。狙いは、北への直線上に位置する凝華洞の松平容保である。同時に、洛西の嵯峨天龍寺から進発した国司信濃が率いる部隊が、禁裏の西側の中立売御門と、その南につづく蛤御門方面へと兵を進めた。めざすは公卿門である（図2—9）。

公卿門は、すでに見たように参内の玄関口にあたり、もっとも重要な警備地点として、長く会津藩が警備を独占し、その北の清所御門を守る桑名藩とともに長州の前に立ちはだかった。そのため、容保排除を掲げ、自らの政治的立場の正当性を掲げる長州藩は、玄関口から禁裏に突入するかたちになった。この戦いは、別名「蛤御門の変」とも呼ばれるが、禁裏西側一帯が激戦となったのである。

戦闘については、参加者の手紙や手記が多く残されている。桑名藩士で明治期に司法分野で活躍した加太邦憲《かぶとくにのり》は、戦闘に参加した親類の情報をもとに実歴談を残している（「桑名藩京都所司代中の事情」『維新史料編纂会講演速記録』一）。それによれば、戦いの直前の一九日未明、二条城の北にある所司代屋敷を出動した桑名藩士は、烏丸通りを北上して中立売御門前に到着した。すると、静まりかえった多数の兵が、道一杯に滞留して門を塞いでいた。「何藩の御方《おかた》か」と問いかけたが、一人も答えなかった。さては長州藩兵と察して、引き返して烏丸通りを南へくだり、蛤御門をへて清所御門の警備についたという。その無言の軍勢こそ、天龍寺を発した国司信濃が率いる部隊であった。

国司信濃は、丁度《ちょうど》中立売門を出ますと、一丁にして室町通りとなりますが、室町通りの角に、牀几《しょうぎ》に倚《よ》つて居《お》つたと云《い》ふことであります、夫れは蛤門の方へ向ふ兵が遅くなりましたから、人数の揃ふまでさうやつて待つて居つたのだらう、と云ふことが分ります（以上、同書二九～三二頁）。

この言のように、国司隊は中立売御門から突入する部隊と、その南方の蛤御門から迫る部隊の二つに分かれ、後者は蛤御門そのものではなく、同門と下立売御門の中間点の敷地の柵を押し破って九門内に突入した。

一会桑の参内

長州藩の標的となった松平容保は、病をおして天皇御前に祗候するため、凝華洞を出て禁裏内への最短ルートの建春門の穴門前で駕籠を降り、供に支えられて禁裏内に入った(『京都守護職始末』、八七〜八八頁)。この時期、非常時の参内口は公卿門と定められていたが、凝華洞からだと西側へと迂回する必要があり、また、長州藩兵と遭遇する危険性もあった。すでに、所司代の松平定敬は前夜半に公卿門から参内していた。

そして、この日の主役に躍り出る禁裏守衛の最高責任者である一橋慶喜は、戦争が終わったのち、江戸の徳信院(一橋家の先々代夫人)への書状で、戦いの詳細を知らせている。以下では、その書状に他の史料も合わせつつ戦いの日を再現する。

慶喜はまず一九日の夜半に急ぎ参内するが、二条城の南西の宿所である若州《じゃくしゅう》屋敷から、重々しい衣冠の姿で馬に乗り、四、五騎を従えて進んだ。わざわざ衣冠を着けたのは、途中で着替えることなく、直接参内することを想定したからである。

慶喜は途中、二条城の東側の竹屋町付近で、白鉢巻に甲冑を着け、抜身の槍を携えた斥候を目撃した。早くも出動した会津藩兵と見て感心したが、じつは長州藩兵であった

（『徳川慶喜公伝　史料篇』二、一八一〜一八二頁）。禁裏御所に到着し参内すると、伏見方面からの戦争開始の報がもたらされた。そして、小御所中段に召された慶喜に対し、関白以下諸臣のほか、親長州派の公家が廂《ひさし》で見守るなか、天皇より長州追討の御沙汰がくだった（『孝明天皇紀』五、二九一頁）。

市街戦の様相

前述のように九門のある築地内は、現在の京都御苑の区域とほぼ重なる。しかし、九門の位置は、現在のように一直線上に並んでおらず、また、築地内は石塁と塀で囲まれてもいなかった。そのため、公家屋敷の塀が九門内外を隔てる境になっていた。つまり、必ずしも守備兵がいる門を潜らずとも、公家屋敷の築地塀や裏門を通じて九門内に侵入することが可能だったのである。例えば文久政変の際は、会津・薩摩らの兵が九門と禁裏の六門を封鎖したが、堺町御門の警備を解かれ、九門内から締め出された長州藩は、関白鷹司輔熙《たかつかさすけひろ》邸の近辺の築地を乗り越えて、関白邸門前に廻り込み、駆けつけた会津・薩摩などの藩兵と戦争になる寸前となった過去がある（『孝明天皇紀』四、八〇〇頁）。

また、現在の整然と整備された御苑からは想像できないが、内部には複数の公家町が存在し、禁裏のほか、上皇が住まう仙洞御所、皇族や五摂家の広大な屋敷があり、その築地塀に沿った通路が入り組んでいた（高木博志『近代天皇制と古都』、九三〜一〇六頁）。つまり、九門内の戦いはまさに市街戦の様相を帯びたのである。戦争の結果、多数の公家屋敷が焼失し、その火災が広がった理由はここにある。

慶喜は、禁裏を一度退出し、夫人の実家である今出川家（菊亭家）の屋敷で衣冠を脱ぎ、具足、甲冑を着用した。ちなみに、今出川屋敷は施薬院と隣接し、清所御門正面に位置していた。そのため、慶喜が屋敷内に入ると長州藩兵の中立売御門からの攻撃がはじまり、弾が飛び交うなかで供廻りの者たちも羽織に襷《たすき》を掛けた（『大場家叢書1　大場伊三郎京都本圀寺風雲録』、二五頁）。

まず国司信濃隊は、中立売御門を守る筑前藩兵を破り、まっすぐ公卿門前の会津藩兵に突入した。その一部は、公卿門の真向かいにある日野家屋敷の裏門から敷地内に入り、表門と塀の陰から会津藩兵を攻撃した。慶喜は、後学のためとして、また会津藩の督戦目的で軍勢を率い、公卿門から蛤御門、禁裏南の建礼門まで巡視したが、公家屋敷に隠れ、隙間や塀の上から銃撃する長州藩兵に苦戦する会津藩兵の状況が見て取れた。

そして、蛤御門方面から北上する長州藩兵と守備側の戦争がはじまると、公卿門前の兵が崩れたち、桑名藩兵らとともに、慶喜も清所御門内に退かざるをえなくなった。慶喜に従軍した水戸藩士の森山敏之助によれば、慶喜を守る兵も、先を争って門内に入る始末で、その際銃弾で多数が負傷し、後日死去する者も出た。接戦になると銃の多くは空へ向けて発砲され、「頭上にクンクン」と音がするときは、片膝立ちの構えで鉄砲玉をやり過ごすことができたという（『徳川慶喜公伝　史料篇』二、一四四〜一四六頁）。そのうち、乾御門の守備についていた薩摩藩兵が、公卿門方面の長州藩兵に向けて砲撃をはじめた。すると、長州藩兵は日野邸に隠れ、結果会津藩兵に砲弾が降り注ぐことになり、大混乱となった。

慶喜の長い一日

清所御門内に入った慶喜は、天皇の様子をうかがうため、車寄から参内したが、殿中は、抜き身の刀、槍を持つ数十人が立ち騒いでいる状況で制止できない状態だった。ようやく御常御殿にたどりつくと、関白以下が衣冠に襷姿で天皇の御前に詰めていた。慶喜は容保と所司代の松平定敬をその場に残し、自らはふたたび門外に出て指揮をとった。

公卿門方面では長州藩兵はやがて退散したが、南の堺町御門方面は、凝華洞を攻撃する長州藩兵が鷹司邸内に籠もり、そこから放つ鉄砲が威力を発揮していた。流れ弾が禁中の庭に飛来し、恐怖心に駆られた公家による長州藩との和睦論をかき立てた。慶喜は、長州藩に呼応して容保の宮中外への放逐を主張する親長州派の公家と数度談判し、それを退けなくてはならなかったのである（『嵯峨実愛日記』一、一〇頁）。

慶喜は戦いが長引けば、一部の公家衆の策謀により、長州への寛大な勅命が下りかねないと判断し、蛤御門と堺町御門裏から兵を廻し、鷹司邸と周囲の焼き払いを命じ、脱出する長州藩兵を討ち取った。その火は洛中の南側一体を広範囲に焼き尽くす事態となった。

そして、大勢が決すると、慶喜は紫宸殿前の南庭《だんてい》にある承明門《じょうめいもん》を陣所とし、会津藩は小御所の御池庭、桑名藩は公卿門に代わって非常時の玄関口となった建春門を守った。慶喜は数日間神経を使い疲労していたが、休息をとった一九日の夜は静かだった（『徳川慶喜公伝　史料篇』二、一八六頁）。

戦争のさなか天皇は御常御殿にいたが、紫宸殿の東側にある内侍所《ないしどころ》から、三種の神器のひとつである神鏡《しんきょう》が御常御殿の小座敷に移された。また天皇自身が危難を逃れるため、御常御殿の禁苑（庭）に面した東側の階段（東階）下には、板輿《いたごし》が据えられていたという。これが、七月二〇日の怪事につながる。

宮中の怪物騒動

二〇日の夕方、大和国十津川《とつがわ》郷士が鳳輦《ほうれん》を奪い取るとの報が、禁裏附の糟屋《かすや》義明《よしあき》からもたらされた。十津川郷士とは、大和国吉野郡十津川郷に居住し、文久三年に禁裏守衛を務めるなど朝廷との結びつきが強く、尊攘派に近い存在だった。このおり、建春門内の神器を納める内侍所前の警備にあたっていた。

そこで、慶喜が急ぎ御常御殿に向かったところ、何者とも知らぬ「三百人程」が、御常御殿の庭に集まっていたという。慶喜は天皇の安全を図るため同所に兵を繰り込ませ、さらに天皇に移動を要請し、南の紫宸殿へと導いた。このとき、慶喜に従い、多数の兵が紫宸殿の欄干まで草鞋《わらじ》で行動した（『徳川慶喜公伝　史料篇』二、一五三〜一五四頁、一八六〜一八七頁）。

天皇の避難には女御《にようご》（九条夙子《あさこ》）と睦仁《むつひと》親王（のち明治天皇）、女官らも従い、急の事態に大混乱になった。そのおり、数えで一三歳の親王が紫宸殿上で「逆上」したため、近臣が水をもって駆け寄り、正気にもどるという一幕もあった（「忠能卿記」、『孝明天皇紀』五、三〇三頁）。『明治天皇紀』は、このとき親王が周囲の騒動に驚き、急に病を発して紫宸殿上に倒れたとする。慶喜は徳信院への書状で、天皇が御常御殿に還御《かんぎよ》したあと「御門の錠」がねじ切られ、開けられていたといい、鳳輦を奪う策略に相違ないと断言している。

この十津川郷士云々の怪事について、慶喜はさらに後年回想して、御常御殿の縁側《えんがわ》に板輿が据えられ、数十人の麻上下姿の者が跪《ひざまず》いていたとし、「誠に危機一髪のところなりき」と述べている（『昔夢会筆記』、一二二頁）。

図2―10：中山忠能（宮内庁三の丸尚蔵館蔵。『明治十二年明治天皇御下命「人物写真帖」』35頁）

　しかし、慶喜と敵対した中山忠能（図２―10）は、以下のように言っているので紹介しよう。二〇日の夜、雨露を防ぐべく駕輿丁《かよちょう》（鳳輦を担ぐ役）が雨具を用意するなど往来していた。それを、一橋や会津の守衛兵が、天皇の遷幸（宮中を出て避難すること）と疑い、慶喜が「唯今怪物潜入」と関白と中川宮に告げたことで両人は狼狽し、大騒動になった。そして、武装した慶喜配下や会津藩士が御常御殿内に入り込み、押入れや床下を吟味したが一人も怪しい者は見つからず、変わったこともなかった。結果、天皇の還御となったのは奇怪の至りである。さらに、慶喜は当初松明《たいまつ》を手にとって「怪物一人」を見たといい、天皇が座を移したあとには、「怪物百人余」もいるなどと言ったのは、およそ宮中を守る将軍代行として、軽率粗忽の行動であり、「天魔の所行」である。このように述べ、中山は慶喜を激しく痛罵したのである（『忠能卿記』『孝明天皇紀』五、三〇二～三〇三頁）。

　この事件は中山が言うような、慶喜のでっち上げとは思われないが、一方で、すでに見たように、徳信院への書状では怪しき者「三百人程」といい、明治期の談話では「数十人」と食い違う。また、慶喜の床机隊に参加した大場伊三郎の記録では「御庭にわる者三人しのび入候間」などとあり（『大場家叢書1　大場伊三郎京都本圀寺風雲録』、二六頁）、慶喜が過剰に報じた可能性は捨てきれない。しかし、前述のように、このときの慶喜の敵は長州藩だけではなかった。玉座近くに祗候する公家のなかにもいた。慶喜から見れば、味方の公家たちすら、戦いの恐怖からいつ心変わりするかわからない状況であり、内側から何者かを手引きするかもしれない。このような疑心暗鬼のなかで、些細な不審が、慶喜や容保たちのなかで、巨大な怪物に化する状態はたしかに存在した。

禁門の変をつらぬく根本問題は、天皇をいかなる陣営が掌握するかにあった。慶喜が軍事的・政治的勝利をたしかなものとするうえで、天皇の身体は、何よりも大切なものだったのである。

天皇と慶喜

禁門の変は、近世の平和のなかで、武装した武士たちが宮中の奥へと侵入する大事件であった。この戦争によって、慶喜や容保らは非常時の天皇警固を名目に、輿が据えられた御常御殿の東階近辺に祗候し、兵士たちも東側の中枢部に進出した。これが、親長州派の公家たちを刺激したことは言うまでもない。

一方、慶喜の規格破りの行動は、少なからぬ人びとに強い印象を与えた。例えば、禁門の変に参加した薩摩藩家老の小松帯刀《こまつたてわき》は、この時の慶喜の動きに目を見張った。小松は同藩の大久保一蔵《いちぞう》（利通）への書状で、親長州派の公家と対した慶喜、さらに戦いを指揮した慶喜を激賞している（『鹿児島県史料　忠義公史料』三、四一三頁）。物事は伝聞するのと、実際に目で見るのとは大違いである。後年、小松は大久保や西郷吉之助《さいごうきちのすけ》（隆盛《たかもり》）と異なり、大政奉還を決断した慶喜を高く評価し、協力を惜しまなかったが、その源流は禁門の変での慶喜のイメージにあるのではないかとさえ思わせる。

小松だけではない。孝明天皇（図2―11）も同様だった。長州藩や三条実美らの復権に、誰よりも反対したのは天皇だった。中山の先の慶喜批判にもかかわらず、天皇が抵抗することなく、慶喜の要請によって紫宸殿に移動したのは、天皇の慶喜への信頼があったからにほかならない。眼前で立ち回る一人の武臣に、天皇は絶大な信頼感をいだいた。

のちの九月五日、慶喜は容保らとともに、参内のうえ龍顔を拝し、単《ひとえ》の衣と剣を下賜されている。そして、慶喜が天皇と対面した場所は、小御所ではなく御学問所であった。慶喜が京都での将軍代行とはいえ、将軍以外の者が同所で天皇と対面した記録はそれ以前にはない。また下賜された衣について、慶喜は明治期の聞き取り調査においてつぎのように述べている。

江間（質問者）あの御拝領になりましたいわゆる恩賜の御衣・御太刀、あれは御保存になっておりますか。

公（慶喜）ええあります。陛下の御召古しだから、すっかり陛下の御汗染、御垢が附いている。それを拝領したんだ、今でもちゃんと昔のとおり保存している。毎年念入りに虫干をして、今でも何ともない（『昔夢会筆記』、七八頁）。

図2—11：孝明天皇肖像（泉涌寺蔵）

後世、その政治行動において、さまざまな評価がつきまとう慶喜だが、慶喜はまちがいなく勤王家であった。しかも観念的勤王家ではない。天皇を実体ある生き生きとした存在として感じ、それを崇拝した勤王家であった。慶喜は以後、天皇に接近する勢力を排除しつづけ、天皇が慶応二年一二月に死去するまでは、ほぼ完璧にそれに成功するのである。

近代天皇への道

近代の政治君主としての天皇はいかに誕生するのか。孝明天皇は、客観的に見て政治君主として存在感を増しつつも、一会桑、そして将軍となった慶喜と強く結びついたまま慶応二年一二月に病死する。本章で見た、幕末の大名参内から一会桑の宮中掌握までの流れは、天皇が思想や理想のなかではなく、実体をもった政治的存在として、析出されていく過程だったと言えるだろう。この大名参内の問題は、単に幕末期に止まらず、権力一般の形成過程を考えるうえでも、有益ではないだろうか。

すなわち、権力者は、周囲がそう認識することによって、はじめて「権力者」たりえるということである。具体的に言えば、天皇は、くりかえし将軍や大名に「会う」ことで、権力者としての地位を高め、固めていった。また、将軍や大名も、拝謁をくりかえすことで、臣下としての自覚を深めたにちがいない。その意味で、近世を通じて大名と天皇の接触を阻んだ、徳川幕府の施策は正しかったのである。

一般に、「会う」ことと、権力の形成・維持には相関性がある。江戸時代、徳川将軍が大名や旗本を、江戸城でくりかえし引見した例がわかりやすいだろう。将軍が「会う」ということは、相手に論理的な理解を促すのではなく、マインドに働きかける非論理的、感覚的行為であった。

これに関連して興味深いのは、現在の象徴天皇制下の天皇について、その仕事を分析した成果である（二〇〇四年のデータ）。それによれば、年間七〇〇を超える行事のなかで、国内の要人や外国の賓客《ひんきゃく》などに会う行事が、半分以上を占めるという（山本雅人『天皇陛下の全仕事』、五二～五六頁）。つまり、現在の天皇のなすべき主要な仕事は、人と「会う」ことである。

もっとも、国民統合の象徴として、政治の権能を有さない現在の天皇を「権力者」と見ることはできない。しかし、時に政治家の発言や行動が「天皇の政治利用」と激しい非難を蒙《こうむ》り、天皇自身も政治的発言を抑制しているのは、裏を返せば、天皇が多大な影響力を持ちえることを示している。もちろん、それは影響力であって、権力ではない。しかし、天皇は歴史的に見て、本来強い権力を持ちえる存在だからこそ、固くそれを否定する現在の憲法が存在するのだろう。

その「会う」ことが、権力を形成する重要な要素だとすれば、現在の天皇が「権力者」になるのを抑えているのは、憲法とそれを支持する国民的合意、そして、天皇自身による自覚であろう。幕末期には、幕府に外国勢力を打ち払う力がなく、政権担当者として疑問符がついたとき、天皇が宮中で将軍・大名と「会う」ことで、権力化する趨勢を押しとどめるものは何もなかった。

ただ、孝明天皇の場合、少なくとも個人のレベルでは、大政委任を支持し、その枠内に止まらなければならないという自覚があった。また、禁裏という伝統的空間の住人である、老練な皇族や少なからぬ公家も同様だったと考えられる。それらが、完全な権力者としての天皇の登場を阻んでいたのである。しかし、やがて孝明天皇が死去し、将軍・幕府と摂関制度が消滅したとき、事態は大きく変わるであろう。

第三章　天皇という革命

――クーデターからの出発

前章まで、将軍や大名などの行動が、次第に王政復古への流れを強めていく過程を見てきた。しかし、王政復古の大事業を完遂するには、明確な権力意志が必要であった。将軍の存在を否定し、幕府政治に代わる新たな政治を実現するという強い意志である。そのような意志を持つ集団が、従来注目されてきた討幕派と言われる人びとであり、彼らの多くは下級武士であった。例えば、西郷隆盛、大久保利通、木戸孝允（桂小五郎）などの「維新の三傑」がすぐに思い起こされる。しかし、彼らは幕末期は無位無官の藩士であり、宮中に参内などできる身分ではない。当然ながら、天皇は想像上の世界に存在するだけである。彼らが支配階級内部の身分秩序を打ち破り、天皇の近くにたどり着くのは想像以上に困難であったことを、我々は知らなくてはならない。

そもそも、将軍や大名が天皇に接触する場合、なんら秩序の破壊は引き起こされない。なぜなら、彼らはもともと身分制度の上位にいるからである。対して、藩士レベルの人びとが天皇に接近するには、政治・社会制度だけでなく、同時に身分制度の頂点にいる天皇をも変革の渦に投げ込むことになるであろう。

それに関連して、口絵6は、昭和八年（一九三三）に『明治天皇紀』とともに昭和天皇に奉呈された、二世《にせ》五姓田芳柳《ごせだほうりゅう》が描く『明治天皇紀附図』の一枚である。画題は「王政復古」であり、本書の「序」に掲げた聖徳記念絵画館の「王政復古」図と同じく、政変時の小御所会議の様子を描いたものである。小御所を南から北へ見通した構図に、上段御簾《みす》のなかに総角《あげまき》(加冠前の髪形)・御引直衣《おひきのうし》姿の天皇、中段に皇族・公家と有力大名を描き、その中段で山内容堂と岩倉具視が対峙しているのも、絵画館のものと同じである。政変当時から半世紀以上を経た作品であるが、じゅうぶんな考証を経て描かれたものとされている(米田雄介「明治天皇紀附図と二世五姓田芳柳」)。

一方で、五姓田のこの図が、島田のそれと大きく異なるのは、下段の中央付近に麻上下《かみしも》姿の藩士の一群が団子のように固まって描かれている点である。これはたいへん印象的であり、本図の下半分という広範囲を占めている。この一群こそ、薩摩の大久保や土佐の後藤象二郎《ごとうしょうじろう》など政変に参加した、五藩をそれぞれ代表する人物という設定である。もしこの構図が、藩士の存在を強調しようという意図から出ているならば、王政復古政変の意義をよく摑んだものと言うことができる。

また、描かれた藩士たちは、自分たちが場違いのように、身を寄せ合うようにしているように見える。彼らは歴史の表舞台に登場したばかりであった。ヨチヨチ歩きからやがて立ちあがり、権力をめざして成長していくのである。

1　仮建という通路

下級武士の環境

くりかえせば、幕末の社会構造は、身分制度を基本としている。いわゆる「士農工商」だけでなく、支配階級も複雑な身分階層に分化していた。中津藩の下級武士であった福沢諭吉《ふくざわゆきち》（図3―1）が、『福翁自伝』のなかで「門閥制度は親の敵」と述べたのはあまりに有名だが、福沢はつぎのように述べている。

もと私は小士族の家に生まれ、そのころは封建時代のことで日本国中何《いず》れも同様、藩の制度は守旧一偏の有様で、藩士銘々の分限がチャント定《き》まって、上士は上士、下士は下士と、箱に入れたようにして、その間に少しも融通があられない。ソコで上士族の家に生まれた者は、親も上士族であれば子も上士族、百年経《た》ってもその分限は変わらない。従って小士族の家に生まれた者は、おのずから上流士族の者から常に軽蔑を受ける。人々の智愚賢不肖に拘《かか》わらず、上士は下士を目下《もっか》に見下《みくだ》すという風が専ら行われて、私は少年の時からソレについて如何《いか》にも不平でたまらない（『福翁自伝』、二一二頁）。

このような状態は、何も武士の世界だけではない。公家社会にも家格による強固な序列はあったし、武家と公家も異なる身分を構成し、天皇権威が上昇した幕末は、公家の地位が相対的に上昇する傾向にあった。門閥制度は、安定した政治・社会秩序を維持するには有効な側面もあったが、適材適所とは矛盾し、組織内部での不満を生じやすかった。福沢が中津藩の下級武士から、のちに幕臣身分へと上昇したのは、蘭学（洋学）という特異な技能を持っていたからである。幕末は蘭学以外にも身分上昇の道が開かれてはいたが、おおもととなる制度・秩序は容易に崩れることはない。

図3―1：福沢諭吉（東京大学史料編纂所蔵）

したがって、中央の政治社会で影響力を行使できるのは、幕府では将軍や老中、藩では藩主や家老、朝廷では高位の公家である。藩を例にとれば、藩士たちが政治を動かそうとすれば、藩主や藩組織を動かすことが必要になる。尊王攘夷運動を展開した長州藩士なども、まず藩権力を握り、やがて朝廷の公家を動かし、幕府をも動かそうとしたのである。

また、幕末のすぐれた藩主の陰には、必ず賢臣がいた。例えば、「……あの時分は諸侯というものは、つまり家来に良い者があれば賢人、家来に何もなければ愚人だ」とは、明治期の徳川慶喜のコメントである（『昔夢会筆記』、六〇頁）。そのような藩士たちが政治の表に台頭するのが、明治維新の基本的方向なのである。

藩士進出のルート

では、この藩士たちは、王政復古政変によって突如、禁裏空間に出現したのだろうか？もちろんそうではなかった。前章で見たように、禁裏の東側の小御所へ有力大名が進出する過程と並行して、藩士たちは、別のルートで宮中の政治に影響力を行使しはじめていたのである。拠点となったのは、当時の史料で「仮建《かりだて》」と呼ばれた場所である。要するに仮建築という意味であって、簡易な急造の建物をそのように呼ぶ。ここで問題とする仮建は、諸大名が参内する諸大夫間《しょだいぶのま》の一角を構成した、幕末期に忽然と現れた空間であった。

諸大夫間は、前章でも見たように、官位の高い順に、虎間《とらのま》、鶴間《つるのま》、桜間《さくらのま》に分かれる。仮建は鶴間の南側に増築された建物であった（前掲図2―5参照）。この建物が増築された理由は、文久三年（一八六三）の将軍家茂の初参内を前に、多数の随従大名の参内に備えるためであった。当時、三位・参議以上の大名（虎間に入る）は限られており、多人数の参内となると、必然的に鶴間に集中するため、臨時に仮建が接続して作られたのである。そして、以後も大名参内が継続したためそのまま利用され、次第に独自の空間としての役割を持つようになった（拙稿「幕末政治と禁裏空間の変容」）。

政局のなかの仮建

仮建が常置されると、次第に仮建を組み込んだ儀礼空間が形成されることになった。例えば、大名が参内する場合、仮建は虎間や鶴間に祗候《しこう》（到着を知らせ、武家伝奏などに口上を伝える）する前と、参内直後に休息する部屋として使用された。同所では、堅苦しい衣冠姿の大名が、冠を外してくつろぎ、宮中の下級役人と懇親を結んだりする、幾分息抜きができる場でもあった（松平春嶽「登京日記」『福井市史　資料編5近世三』、六四七〜六四八頁）。つまり、仮建が相対的に他の場所にくらべて、厳格な宮中作法から解放されていた点が、重要な意味を持ってくる。

将軍家茂の初参内（文久三年三月）以降、攘夷実行、天皇親征実現のため、長州藩士やそれに近い諸藩士が公家と頻繁に接触した。その場を提供したのが、築地《ついじ》内の公家邸や学習院（禁裏六門のうち、東側の建春門前）である。学習院では、議奏・武家伝奏の両役や国事参政・寄人《よりうど》などの公家から、藩主や藩士たちへの諮問、用談がなされ、かつ武家からの建白書の受理などもおこなわれた。しかし、あくまで禁裏御所の外である。対して、外部の武家勢力と宮中を空間的に結ぶものが仮建にほかならない。

『孝明天皇紀』四、五所収の史料を通覧すると、文久三年三月の将軍参内以降、仮建は一貫して武家（幕府関係者、大名・藩士）の通路として機能している。もちろん、ひとくちに武家といっても、時期によって特定の傾向があり、圧倒的に守護職や所司代、一橋慶喜、老中、高家など幕府関係者が占めている。そのなかで、将軍上洛後、文久政変（八月一八日）を挟んで九月までは、幕府関係者とともに、国持大名（親藩・外様）や譜代大名、また御三家の家老などが仮建に参入する現象が顕著である。

そこで、注目したいのは、藩士単独での仮建への参入である。前述したように、仮建が厳格な宮中作法から相対的に見て解放されている点が、無位無官の藩士たちが、足を踏み入れることを可能にしたと思われる。そこで、諸史料をもとに文久三年に仮建で公家と用談をおこなった藩士と、その回数をまとめたのが表3―1である。文久三年の四月〜六月の範囲で見ると、水戸、尾張、備前などの家老クラスがめだつ。この時期は将軍滞京にともない、攘夷実行の方策が議されており、これらの藩は、尊攘主義の藩として朝廷の期待が高かったのである。

その一方で目を引くのは、七月〜八月に集中して名が見える、久留米藩士で水天宮祠官の真木《まき》和泉《いずみ》（保臣《やすおみ》）である。真木は尊攘派として文久二年（一八六二）に藩内で弾圧され処罰されたが、朝廷や長州藩などの働きかけで赦免され、以後京都において三条実美らと連携し、攘夷実行・王政復古をめざし、天皇親征運動を展開した人物である。のちに、禁門の変において、真木は長州藩の一翼を担って浪士隊を率いたように、脱藩浪士的性格が濃厚な人物であった。その真木が他の大藩家老を上回る頻度で禁裏の仮建に参入したことは注目される。

人名	回数	月
真木和泉（久留米藩士）	6回	7月、8月
武田耕雲斎（水戸藩執政）	3回	4月
成瀬正肥（尾張藩付家老）	3回	5月、6月
伊木忠澄（備前藩家老）	1回	5月
尾張藩ほか15藩家老、留守居	1回	9月

『孝明天皇紀』四、『真木和泉守遺文』より

表3—1：仮建への藩士参入状況（文久3年）

真木和泉が示した方向性

表3—1にあるような人びとは、用があるときは、幕府の許可を得ることなく、勝手口にあたる清所御門を入り、公卿門前を通過して平唐《ひらから》門を潜り、仮建で公家と用談することが許されていた（『孝明天皇紀』四、五七七、七二六頁）。いったい彼ら

は仮建でどのようなことを公家と談じていたのだろうか。

右の真木が残した日記は、おぼろげながら、その中身を示している。例えば、文久政変の七日前の文久三年八月一一日の日記を見ると、真木は仮建で議奏や武家伝奏に呼ばれ、天皇の石清水《いわしみず》八幡宮への行幸の是非について問われていた（『真木和泉守遺文』、六〇五頁）。そして、翌一二日には同所で尊攘派の公家に召され、「大挙」を告げられて驚喜している（同）。この「大挙」とは、天皇が自ら神武《じんむ》天皇陵や春日社を参拝し、攘夷親征のための軍議をおこなうことを計画した、前章で触れた大和国親征行幸のことであった。

大和国親征行幸が内外に布告されたのは翌一三日であり、仮建という禁裏内部で一介の藩士（真木は祠官として従五位下・和泉守の官位を得ていた）が、朝幕間の極秘事項を公家から告げられたわけだが、それは、真木が決定に大きく関わったからである。武家伝奏の野宮定功《さだいさ》は、公家の中山忠能に対して「（真木は）有志輩大いに帰服、堂上（公家）にも追々人々感服にて、日々内問評議これあり候」と伝えていた（『中山忠能日記』一、四二頁）。まさしく、その通り、公家は学習院や公家邸で真木の意見を聴取し、やがて真木を宮中に呼び寄せるまでになっていたのである。もちろん、真木が長州藩という雄藩を後ろ盾にしていたことは見落としてはならない。

ところで、真木はかねてより、種々の朝廷改革に関わる意見書を呈している。そこでは、天皇に対し、旧例古格を破り、政治・軍事の大権を掌握することを望んでいる。大事はことごとく自ら英断を下し、下々の意見にも耳を傾けるような、能動的な政治君主としての天皇である（「経緯愚説」『真木和泉守遺文』、八〜一一頁）。ここには、ひとつの歴史的方向性が見えている。つまり、真木のような身分の低い藩士たちが、天皇と実体ある君臣関係を結ぶことは、身分制度の頂点にいる、天皇自身の大変革をともなうということである。この点は記憶しておきたい。

そう考えると、天皇と真木をつなぐ仮建は、より重要な意味をもってくる。親征行幸の意見が採用されたとき、真木は喜びに突き動かされたが、それは天皇との意思疎通がかなったという感覚をともなっていたであろう。しかし、真木が仮建に参入したのは、右に引用した八月一二日が最後であった。文久政変によって長州藩や七卿とともに都を落ちたからである。そして、禁門の変で挽回を策した真木は、山崎の天王山で自刃し、五二歳の波瀾の生涯を閉じた。

一会桑の宮中掌握の影響

しかし、長州藩や三条実美らが京都を去って以降も、仮建が禁裏における武家の通路となる状況に変化はなかった。政変直後は、政情不安に対応するため、幕府関係者や、在京大名が非常装束（火事装束の類か）や麻上下姿で仮建に参入し、朝廷の御用に対応している。その後も国持有力大名と並んで、尾張以下一五藩の家老、より身分の低い留守居なども武家伝奏と仮建で頻繁に用談に及んだ（『孝明天皇紀』四、八八九頁）。

これに関連して、政変後、在京大名による宮中当番制がはじまり、当番の武家が連日交代で仮建に参上し、天皇の機嫌をうかがうとともに、朝廷の御用に対応する態勢が取られた。将軍不在の京都で、長州藩などを除いた、広範囲の武家と朝廷の結合が進行している。このような流れのうえに、有力大名の参予会議が登場し、それを解体するかたちで一会桑が朝議を掌握したのである。特に元治元年（一八六四）七月一九日の禁門の変は、それを決定的にした（第二章）。

一会桑の宮中掌握期は、諸大名や藩士による臨機参内や、仮建での用談という現象は激減する。以後、真木のような特定の藩を背景にした浪士的存在が、頻繁に宮中に足を踏み入れ、政治的な影響力を行使したりする機会はなくなっていく。天皇自身も幕府への大政委任を支持しており、天皇親政＝王政復古に対して否定的である。

以後政局は、禁門の変によって「朝敵」とされた、長州藩の追討問題に移っていく。この年一〇月以降に本格化する第一次長州出兵と、翌慶応元年（一八六五）四月にはじまる幕府の第二次出兵（長州再征）において、一会桑は、天皇の信頼を武器に、公武協調を軸に安定した政治を推進しようとした。そして、当初は懐疑的であった江戸の幕閣がはじめた長州再征をも、推進せざるをえない立場に追い込まれていく。その過程で、薩摩藩と決定的に対立し、袂《たもと》を分かつことになる。

大久保の「非義の勅命」批判

薩摩藩は、第一次長州出兵で中心的な役割を果たした。そのおり江戸の将軍家茂は出陣せず、征長総督の徳川慶勝（前尾張藩主）が全権を委ねられた。その際、征長軍の参謀として活躍したのが薩摩藩の西郷であった。慶勝と西郷はともに戦火を交えることなく長州藩を降伏させ、早々に征長軍を解兵する方策を選択した。しかし、翌年に入ると、長州藩に対する処分（罪状に対する判決と執行）内容の決定方法をめぐり、幕府のみで決定しようとする江戸と、京都の朝廷を中心に大藩も含めた会議で決定しようとする薩摩藩のあいだで、対立があった。

その結果、度重なる朝廷からの将軍に対する上洛命令に幕府は従わず、慶応元年五月に突如、局面を転換すべく長州再征のための将軍進発を触れた（拙著『長州戦争と徳川将軍』）。これは、第一次出兵の成果を無にし、薩摩藩などの面子《めんつ》をつぶす結果になった。以後、薩摩藩は長州藩への援助に動き、朝廷にも働きかけ、幕府への抵抗勢力の結集に動きはじめることになる。そして、幕府の再征を許可する立場にある天皇・朝廷は、薩摩の大久保たちが働きかけるターゲットになった。

将軍家茂は閏五月に上洛し、その後大坂城に入った。そして、九月二一日に参内した家茂に対し、長州への罪状についての尋問と出陣の勅許がなされることになった。その日、将軍参内の直前、薩摩の大久保が、一会桑と結ぶ中川宮の屋敷（下立売御門の内側）において、名義曖昧なまま幕府の奏聞を許したときは、「非義の勅命にて……非義勅命は勅命に有らす……」と述べて批判したのはよく知られるところである（『大久保利通文書』一、三一一頁）。

兵庫開港・条約勅許問題

しかし、大久保らが挽回する機会が訪れた。九月一六日に突如として英・仏・米・蘭の四ヵ国公使を乗せた外国艦隊が大坂湾に現れ、兵庫に入港した。外国側は、かねてより、幕府が安政五ヵ国条約を調印したにもかかわらず、国内では天皇の意思を奉じて攘夷方針をとっていることを問題視していた。そこで、将軍が大坂に滞在していることもあり、一挙に圧力をかけ、天皇の勅許を得ることを要求した。さらに下関戦争（元治元年八月の四ヵ国による長州藩攻撃と同藩の敗北）による、幕府が支払う予定の賠償金の減額と引き換えに、兵庫開港の前倒し（慶応三年〈一八六七〉一二月七日開港予定）を要求したのである。

ところが、この苦境において将軍家茂が、将軍辞職の意思を朝廷に申し出たことで京坂地域は大混乱となった。禁裏守衛総督であった一橋慶喜は、必死の説得で家茂を翻意させたが、代わりに天皇から条約の勅許を得る困難な役割を担うことになった。

ここでふたたび大久保の出番である。将軍家茂が翻意して二条城に入ることになった一〇月四日、慶喜の奏請をめぐって酉の刻（夕六時頃）より、小御所で朝議がはじまった。夜半、内大臣の近衛忠房《ただふさ》は薩摩藩士を宮中の非蔵人口に呼び寄せた。非蔵人口は、文字通り非蔵人が日勤する際の通用口である（前掲図2―5参照）。そこで、近衛は二人の薩摩藩士に対して、薩摩藩が外国との応接を担当するように依頼した。大久保らは協議のうえ、近衛に対して、しかるべき公家を使節とし、薩摩藩士に随従を命じるように願った。

その結果、朝議で無定見ぶりをさらけ出していた朝廷首脳は、近衛と薩摩藩の意見を採用し、公家の大原重徳《しげとみ》を使節として外国との交渉に当たらせることにし、薩摩からは家老と大久保が随従することに決した。このままでいけば、外交交渉を朝廷が担当するという新事態が生まれるだろう。そして五日の朝、大久保は近衛に召され禁裏御所に向かった。おそらく非蔵人口と思われるが、そこで大原と面会して打合せに及んだ。しかし、結局、この件は慶喜、松平容保、老中らの激しい抵抗にあい実現しなかった（『大久保利通文書』一、三二六〜三三〇頁）。

仮建への藩士召集

薩摩の大久保たちによる計画が前代未聞であったとすれば、同じ宮中の一角で、もうひとつの前例のない事態が進行しつつあった。一〇月五日の朝、鶴間に隣接する仮建に諸藩士が召集され、朝廷・幕府の最高首脳の面前で、今回の条約勅許・兵庫開港につき諮問されるという事態になったのである。これは、一橋慶喜によって提起されたもので、幕府寄りの諸藩による援護射撃を得て、勅許を獲得しようというものだった。種々の史料により差異はあるが、この時参朝した藩は、会津・桑名・薩摩・岡山・熊本・土佐・久留米など有力藩で合計一四藩、各藩からは周旋方《しゅうせんかた》（国事専門の役職）や留守居など複数人を出しており、総計三〇人以上と見ることができる。

諸藩側の中心人物の一人、熊本藩士上田《うえだ》久兵衛《きゅうべえ》という人物が記録するところでは、一六藩で総人数は六〇〜七〇人とあるが（宮地正人『幕末京都の政局と朝廷』、一八一頁）、やや多いように思われる。このおり、薩摩藩の大久保も出席したとする史料も見られるが、大久保は前述のように使節随従の準備にあたっていて参加していない。参加藩のなかで、京都守護職の会津藩がもっとも多くの人数を出した。

上田や朝廷サイドの記録を総合すると、藩士が諮問を受けたのは、仮建ではなく鶴間であった。そして隣接する虎間に、朝廷首脳と公家の諸役、武家では慶喜や松平容保、さらに幕府の老中などが控えた。虎間では、正面（東側）には御簾が垂らされ、そのなかに、関白や中川宮などの皇族、国事御用掛の大臣など高位の人びとが出座した。

破格の諮問

仮建は、それ自体が玄関口を持つ簡易な建物である。このおり召された藩士たちは多人数であり、複数の公武要人が無位無官の藩士を諮問するには窮屈である。また、いくら仮建が厳格な身分秩序から幾分解放される空間と言っても、関白や大臣など朝廷首脳部と、大勢の藩士が同じ場所に同座するわけにはいかない。そこで、例外的に通常の大名クラスが入る鶴間に藩士が入ることが許されたのだろう。朝幕の首脳は虎間と鶴間をぶち抜いた空間で藩士たちの諮問に臨んだのである。

そして、事態はつぎのように進行した。まず、一橋慶喜より藩士一同に対し、条約勅許（横浜・箱館・長崎三港の開港勅許）の是非につき意見が問われた。最初は遠慮していた藩士たちも、慶喜に促されて意見を述べはじめた。先陣をきった熊本藩の上田は、日本の国体と天皇の威厳を守るため、兵庫開港は決して許してはならないこと、他方で条約自体は時勢を斟酌《しんしゃく》して許し、不都合な点は改めるよう言上した（同、一七九〜一八二頁）。その際、政治は幕府に委任されているので、朝廷が外国と条約を結ぶことがあってはならないとしている（『改訂肥後藩国事史料』六、二六二頁）。つまり、勅使派遣論を梃子に、幕府から外交権を奪取しようという大久保らと真っ向から対立する立場である。

以後上田につづいて、諸藩士の言上がつづいた。他の意見も上田と大同小異で、外国の要求を拒否すべきと述べたのは薩摩と岡山両藩のみだったという。薩摩は例の外交主導権（朝廷か幕府か）をめぐっての戦略的観点からの反対であろう。

このとき、上田以外にも会津藩公用方の外島《とじま》機兵衛《きへえ》や土佐藩の津田《つだ》斧太郎《おのたろう》という人びとの堂々とした意見は、公家衆を畏怖させ、幕府首脳を感嘆させたという。上田も会津藩公用方もいずれも強い攘夷主義を有していたが、政権与党の一員として、個人の心情を曲げて、条約勅許を主張した。例えば右の外島は、開国通商による富国強兵をもって、大活眼《だいかつがん》を開くべしと「涙ヲ流シ」つつ主張し、その姿は、誠に堂々たるものと評されたのである（『孝明天皇紀』五、六七七頁）。

藩士たちの実力

結局、天皇により条約は勅許された。ただし、兵庫開港は中止とするなどの付帯条件つきである。結果を見れば、上田たち政権与党の意見が採用されたかたちであった。もとより、この勝利の立役者は、じゅうぶんな勝算をもって、諸藩士への諮問策を提起した慶喜であるが、攘夷の信条を曲げて幕府の勝利に貢献した藩士たちの存在は無視できないものがある。

ところで、上田は右の諮問の場に、内々天皇が出御したと国元の父親に知らせており、興奮の情を隠せなかった（『幕末京都の政局と朝廷』、一八二頁）。上田だけではない。某藩士の報告にも、「正面御簾を少し捲上《まきあげ》させ辱《かたじけなく》も主上を始め奉り親王……御出座の処」云々などとあるように（『孝明天皇紀』五、六七六頁）、同様の記録は多い。しかし、それは誤解であった。右の『孝明天皇紀』の編者が、「主上云々は伝聞の誤」と注記しているように、玄関口の虎間に天皇が足を運ぶことは考えられない。しかし、彼らがそれを信じたというのは注目してよい。御簾の内側に、天皇がじっと耳を澄まして意見を聞いていると信じて、藩士たちは熱弁を振るったとも考えられるからである。宮中の詳しい仕組みなどわからぬ彼らには、起こりえる誤解だろう。

もはや、藩士たちが、宮中の一角で朝廷首脳や幕府首脳の考えを左右する地位に昇りえていたのは明白であった。

慶応三年の四侯会議

慶応元年一〇月五日の条約勅許で、日本は攘夷政策を完全に放棄するにいたった。一方、国内では幕府と長州藩の交渉は決裂し、翌二年(一八六六)六月に長州戦争の火蓋が切られた。それに先立つ同年正月には、薩摩・長州の指導層が抗幕のための盟約をおこない、やがて同盟関係へと発展していく(薩長同盟)。そして、戦局が長州優位に進むなか、七月二〇日に将軍家茂が死去し、徳川家を相続した慶喜の要請により、八月に止戦の勅が下された。

その後、一二月五日にその慶喜が一五代将軍に就任した。しかし、長州問題が未解決のなか、孝明天皇が、出血性疱瘡《とうそう》の病で三六歳で崩御し(一二月二五日)、明けて慶応三年正月九日に一六歳の睦仁《むつひと》親王が践祚《せんそ》した。のちの明治天皇である。同時に、関白で左大臣の二条斉敬が摂政となり、以後政治を代行することになった。

新将軍の慶喜にとって、国政上の大きな課題は、未解決の長州問題と兵庫開港問題であった。まず、長州問題については正月二三日に、天皇崩御にともなう国喪《こくそう》を理由に、征長軍解兵の御沙汰が朝廷より発せられたが、戦争の原因となった長州藩に対する処分(禁門の変の罪に対する判決と執行)は、未解決のままだった。

さらに、外交問題について見れば、慶喜は宇内《うだい》の形勢を洞察し、兵庫開港は不可避と考えていた。その場合、先に見た慶応元年一〇月に条約勅許と引き換えに中止された、兵庫開港について、朝廷から勅許を得なくてはならない。その兵庫は、文久二年(一八六二)のロンドン覚書において慶応三年一二月七日が開港予定日とされており、準備のために約六ヵ月を要すると考えた場合、早めに勅許を得ることは急務であった。

そのため慶喜は、三月には朝廷に対して兵庫開港を願う奏聞書を呈し、朝廷からは有力大名に上京を命じる御沙汰が発せられた。これに並行して島津久光、松平春嶽、伊達宗城、山内容堂の四侯が三月から四月にかけて入京した(四侯会議)。彼らはかつての参予大名であり、幕府の求心力が低下するなかで、一層存在感を増していた。当面慶喜としては、天下の公議を代表すると位置づけた、四侯との協力をえようとしたが、四侯側は、兵庫開港に異議はなかったが、その前に幕府が長州問題を悔悟し、「反正」(正しい状態にかえすこと)の態度を明らかにすべきと主張し、じゅうぶんに折り合わなかった。

慶喜と春嶽の参内

五月二三日の夕刻、兵庫開港と長州処分問題を決定する朝議を迎えた。朝議は諸大夫間のうち虎間でおこなわれた。一〇代の天皇は、もちろんこの場にいない。摂政の二条斉敬が主催者である。慶喜と春嶽は、所司代や老中とともに、中川宮や大臣の公家たちとともに評議に臨んだ。ところで、なぜ虎間で公武の最高首脳を含む人びとの重要評議がおこなわれたのだろうか。慣例で言えば、小御所でおこなわれるのが自然だろう。考えられるのは、先帝の崩御にともない、小御所が使用できなかった可能性である。すなわち、先帝の棺は一時清涼殿に安置されており、代わりに小御所を清涼殿代として内部に手を加えていた。そのため、慶応三年の六月まで武家との対面がおこなわれなかったのである。

では、その会議の行方はどうなったか。冒頭二条摂政は慶喜らに対し、国事について腹蔵なく意見を述べるようにとの天皇の御沙汰を演説した。それをうけて、慶喜は長州の寛大処分の朝議決定を願うと同時に、兵庫開港の勅命による許容を願った。つぎに摂政から春嶽へ諮問があり、春嶽は、あくまで長州問題を先に決着すべきと言上した。公家側は、ここでも慶喜と春嶽両者の間に挟まれて優柔不断ぶりをさらけ出し、朝議は徹夜の小田原評定となった。

その間、伊達宗城が真夜中(午前一時頃)に参内した。さらに公家側が執拗に久光の参内を望んだため、二四日の朝、家老の小松帯刀(図3―2)を仮建に召して、久光の召命を伝達したが、実現しなかった。以後、禁裏には兵庫開港に反対する大原重徳《しげとみ》ら公家の一群が押しかけ騒然となった。混乱のなか、結局二条摂政は、ついに慶喜の奏請に沿った勅命を下したのである(以上、『続再夢紀事』六、二九〇～三〇二頁)。

仮建の小松帯刀

朝議が長引いた理由の一つに薩摩藩の存在があった。中川宮は日記に、混迷した朝議についてつぎのように記している。

是れ、全く近両公（前関白近衛忠熙《ただひろ》・内大臣近衛忠房《ただふさ》）余りサ（薩摩）の説行わんと欲せられ候故、昨夜来、無用に時をついやし疲ろうかぎりなく一同困苦候……（『朝彦親王日記』二、三九一頁）。

図3—2：小松帯刀（国立国会図書館蔵）

つまり、島津家と縁戚関係にある近衛父子が、薩摩藩の尻押しを受けて意見を代弁したため、朝議が無駄に長引いたという批判である。たしかに近衛父子は従来から親薩摩派の代表であったが、朝議が長引いた責任を、彼らだけになすりつけることはできない。

というのは、朝議では二条摂政はじめ、多

くの参加者が薩摩の圧力を感じていたと思われるからである。久光は最後まで参内しなかったが、前述のように二四日の朝、小松帯刀が仮建に参上している。小松は、久光に朝命を伝達するために一度退いたが、その後、拒否回答を持して舞い戻り、仮建に滞在しつづけたのである。虎間で公武の激闘がくりひろげられているとき、隣接した鶴間を隔てた仮建に小松が控えていた。小松に会議の内容はわからなかっただろうが、慶喜や春嶽、また公家たちも、小松の滞在は認識していたはずであり、薩摩の存在を意識せざるをえない。老中である板倉勝静《いたくらかつきよ》が、仮建で小松に意見を尋ねたという記録があるのも、その現れであろう（『続再夢紀事』六、二九七頁）。

ともかく、本来禁裏の東側の政治的中枢でおこなわれるべき朝議が、まるごと空間的に西側の玄関口に移動したことの意味は大きい。たとえ小御所が使用できなかったとしても、公家だけの朝議では、想定しにくい事態であった。大名や藩士という公家社会とは異質な集団の存在が、宮中の空間の意味づけや役割を変貌させつつあった。特に、藩士レベルの人びとの影響力は着実に増大し、藩をバックに朝議を麻痺させる力を見せつけたのである。

しかし、その一方で、藩士たちは朝廷の意思決定に直接関与することはできない。宮中は「雲上人」の空間であり、天皇への距離もあまりに遠すぎた。この問題は、慶喜の幕府を倒すことによって、解消される問題なのだろうか。これは、討幕運動の歴史的な理解に関わっている。

2 王政復古政変の衝撃

討幕運動の理解

近年の研究では、討幕運動の始まりは、先の兵庫開港・長州処分問題での慶喜の勝利、すなわち慶応三年（一八六七）六月以降に見るのが主流である。主導するのは大久保や西郷などの一部の薩摩藩士で、いまだ朝敵である長州藩は公然と活動できず、薩摩がリードした。討幕の目的は、端的に言えば、武力でもって幕府を政権の座から引きずり降ろし、朝廷のもとに有力大名を中心とした公議機関を樹立すること、そこでのヘゲモニーを掌握することにあった。しかし、新しい政権が、朝廷のもとで形成される以上、幕府を倒すだけでは問題は解決しない。長年幕府と結びつき、既得権をもった摂関家が支配する、朝廷の大改革が同時に求められたのである。

それに対応して、朝廷の内部でも公家討幕派という人びとが誕生した。すなわち、和宮降嫁を推進して尊攘派の攻撃を受け、洛北岩倉村に幽居していた岩倉具視と、その同志である中山忠能、中御門経之《なかみかどつねゆき》、正親町三条《おおぎまちさんじょう》（嵯峨）実愛《さねなる》といった人びとである。彼らは、幕府と摂関制度廃止による王政復古をめざし、薩長二藩と連携を深めた。

この時期、一方では土佐藩の大政奉還運動が進行した。武力による討幕は、薩摩討幕派にとっても危険な行為であった。自藩を存亡の瀬戸際に立たせるだけでなく、内戦を惹起することで、戦争に集中する必要が生じ、目的を実現するための武力という手段が、それ自体目的にすり替わってしまう恐れがある。実際に薩摩国元の反対勢力は強い力を持っていた。討幕派は、内心不満でありつつも、一時期、土佐藩が推進する大政奉還運動に賛同したのはそのような事情もあろう。

しかし、その後、薩摩討幕派は、土佐藩と路線を異にし、公家討幕派の画策によって「討幕の密勅」を獲得したが、慶喜の大政奉還上表と勅許（一〇月一四日と一五日）によって事態は急変し、密勅の実行を見合わせたのである。

大政奉還と宮中制度

慶喜の大政奉還は、たしかに局面を一変させる大きな意味を持ち、周囲に与えた衝撃も大きかった。また、本書の冒頭でも記したように、大政奉還をもって「王政復古」の実現とする見方も当時は少なくなかった。しかし、政権は朝廷に移動しても、数えで一六歳という若年の天皇に代わり、摂政が政治を主宰する体制に変化はない。つまり、宮中での身分秩序の表現である空間には何も変化はなかったのである。慶喜の決断に影響を与えた土佐の大政奉還建白でも、天皇のもとでの公議機関（議院）を中核とした政体が想定されていたが、抽象的な弊習改革や政治の理念には言及はあるものの、宮中の身分秩序に関する改革構想などは提示されていない。

また、大政奉還は、幕府が自ら政権を手放したという点で、討幕派を満足させるものがあったが、だからと言って、新たな天皇のもとで彼らが政治を自由に動かせるようになったわけではない。討幕勢力は、「玉を奪う」という言葉に象徴されるように、天皇を掌中に握ることを狙ったと説明されることがある。しかし、藩士身分の人びとが、天皇を担ぐことは不可能に近い。できたとしても、公家討幕派を通じての間接的な「玉」の掌握にとどまる。公家が彼らの思うように必ずしも動かないことを、大久保は政変を計画する過程でしばしば思い知らされることになる。天皇とのあいだに存在する、空間の壁は軽視できないのである。

そのように見たとき、討幕派が主導した政変（クーデター）は、天皇と武家の空間的距離を縮めるうえで、大きな画期となったといえる。それは、のちに見るように、必然的に宮中の身分秩序を揺るがすものとなった。土佐藩が主導しようとした、朝廷上層部の決断に依頼した平和的な「公議」による改革では、抜本的な宮中の身分秩序を改革するのは困難である。軍事力によって禁裏御所の諸門を固め、宮中の支配勢力の参内を停止させてのクーデター方式を討幕派がめざしたのは、右のような点も深く関わっていたであろう。

王政復古政変

慶応三年一二月九日早朝、夜を徹して開かれていた宮中の会議が予定を大きく過ぎて散会となった。参内していた摂政二条斉敬以下の要人が退出したのは現在の時刻で午前八時頃という。その会議には、朝廷要路のほか、松平春嶽らの武家有力者も参加し、また、藩士も桜間と仮建に召集され諮問を受けた。その結果、文久三年(一八六三)以来の懸案であった長州藩主父子と、三条実美ら五卿の官位復旧と入京許可、さらに岩倉具視ら文久二年(一八六二)以来の幽閉人(国事犯)の復権などが決定された。

そして、摂政らが退出したのち、武装した薩摩藩兵が乾御門より築地内に侵入し、禁裏六門のうち西側の清所御門と東の建春門、それらにつづく穴門(通用口)を封鎖した。つづいて、新政体樹立のため、政変参加を決断した土佐藩兵が公卿門と南の建礼門、穴門、さらに蛤御門を封鎖し、同じく越前・尾張・安芸の三藩も築地内への通路となる公家屋敷と、准后御門（清所御門の北）などの諸門を押さえた。

前日に公家討幕派の岩倉から右の諸藩に示された警備プランでは、小御所の東に広がる御池庭や、天皇の御座所、御拝道廊下の軒下などにも兵が配された。諸門には、それ以前から守衛する諸藩兵が存在したが、衝突が懸念された会津（蛤御門）や桑名（公卿門）両藩は二条城に退いた（以上、主として「嵯峨実愛手記」『史籍雑纂』二、四三～四四頁、『丁卯日記』二五五～二五八頁などによる）。

この状況について、松平春嶽は国元の藩主に対し、「午後より薩兵追々繰込、御門々々戎服《じゅうふく》（軍服）、実に忽然《こつぜん》殺気天に満ち、兵革《へいかく》まさに動くべきの形勢、目にもあてられ申さず」と表現している（『松平春嶽未公刊書簡集』、八二頁）。宇和島藩が放った偵察によれば、付近の町屋の騒動はひとかたならぬ様子で、公家討幕派の一員として宮中にあった、正親町三条実愛の屋敷（堺町御門の東側）では、家族が多くの侍と長刀《なぎなた》を持った女中に護衛され避難していた。また、そのほかにも屋敷を立ち退く公家の家族が多く見られたという（「王政復古一条雑記」「宇和島伊達家文書」丙記録一二八号）。約三年前の禁門の変は、人びとの記憶に生々しく刻まれており、その際正親町三条邸は兵火で被災した経験を持っていた。

その閉ざされた宮中では、政変の中心人物である公家の岩倉や、同志の公家と皇族などが参内し、前日の会議から宮中に居残った正親町三条や、松平春嶽（前越前藩主）、徳川慶勝（前尾張藩主）、浅野茂勲《もちこと》（安芸藩世子）に加え、前日に京都に到着したばかりの山内容堂（前土佐藩主）が現在の午前一〇時頃に参内し、午後に島津茂久（忠義。薩摩藩主）が参内した（『大久保利通日記』一、四二三頁）。その一方で、二条摂政、中川宮のほか左大臣近衛忠房らの大臣、前関白、議奏の一部、武家伝奏など、佐幕派と見られた公家に参内停止の命が下った。

締め出された人びと

このクーデター方式は、明らかに約四年前の文久政変でのやり方を踏襲したものである。その際も九門と六門を薩摩・会津・所司代などの軍事力で封鎖するなか、政変断行側の公家や大名などが参内し、それ以外は高位の公家から宮中の下級役人にいたるまで、認められた人物以外は入ることが許されなかった。

かつて政変を断行した側の、二条摂政や中川宮以下の少なからぬ公家と会津藩は、今度は逆の立場に突き落とされたのである。

在京の宇和島藩士は、参内停止処分となった人物のうち、議奏の要職にあった柳原光愛《やなぎはらみつなる》の家臣から当日の状況を聞いた。それによれば、徹夜の評議を終え禁裏を退出した柳原は、周囲が兵士の参入により騒然としたため、ただちに公卿門からふたたび参内しようとした。ところが、門は閉め切られて通れず、参内停止のことを知らされ、やむなく帰宅したという。柳原は自分は免職になったと察したが、いまだ何の沙汰もなく不安にさいなまれている、というものである（同）。

柳原の予想通り、議奏職にあった者は、討幕派の正親町三条とそれに近い長谷信篤《ながたにのぶあつ》を除いて、参内停止に追い込まれていた。クーデターにおいて、摂政以下首脳部の締め出しはその成否に関わる問題であった。そのため、計画において、参内停止とそうでない公家の見分けが重視された。もとより、宮中をまもる薩摩藩士や土佐藩士などに公家の面体がわかるはずもない。そのため、下級官人の非蔵人などが諸門を出入りする人物の見極めにあたる周到さであった（『丁卯日記』、二五七頁）。要職の議奏として日々参内していた柳原は、その網にかかってしまったのである。

じつはこの柳原は、かつて文久政変の際に重要な役割をはたした人物であった。政変当日、長州藩兵は堺町御門の守衛を罷免されても納得せず、前章でも触れたように、関白であった鷹司輔熙邸に集結した。薩摩・会津藩兵が長州藩兵に銃を向ける緊迫したなかで、柳原は勅使として長州藩を説得し、無血で退去させた経験の持ち主であった。はたして、参内停止に追い込まれた柳原の脳裏に、かつての光景がよぎったであろうか。

新政府の成立

正親町三条の手記によれば、政変はさらにつぎのように進行した。まず、小御所で皇族・公家と雄藩の藩主クラス、さらに藩士による会議があった（第一回小御所会議）。そののち、正親町三条らは、場を移して天皇の御前において「尽力あるように」という命を受けたという。この場所は、『明治天皇紀』一はじめ諸研究は御学問所としている。そして、総裁・議定・参与の三職を新たに置くことや、政変参加五藩（薩摩・土佐・越前・尾張・安芸）に対し、藩士を参与として差し出すことを命じる勅が下された。その後、ふたたび小御所で会議があり（第二回小御所会議）、徳川慶喜に対して辞官（内大臣を辞すこと）・納地（徳川家領地の一部返上）を、尾張・越前両藩を通じて伝達することなどが決定された（「嵯峨実愛手記」『史籍雑纂』二、四四頁）。

ちなみに、この日の有名な大号令では、以後摂政・関白と幕府を廃絶し、新たに三職を置いて万機を取り扱わせること、諸事神武創業の始めにもとづき公家と武家のほか、身分上下の別なく、「至当の公議」をつくして国家の運営にあたることなどを命じていた。また、関白とともに、内覧（関白と同等の権限を持つ）、朝政の要である議奏と武家伝奏の両役、天皇の諮問に与《あずか》る勅問御人数《ちよくもんごにんずう》、幕末期に設置された国事御用掛《こくじごようがかり》（皇族と公家からなる）が廃止され、幕府の京都守護職と所司代の廃止も同日に決定された。

そして、総裁には皇族の有栖川宮熾仁親王《ありすがわのみやたるひと》が就任し、議定には幕末期から国事に関わった山階宮《やましなのみや》晃親王《あきら》や、仁和寺《にんなじ》門跡から還俗《げんぞく》した純仁親王（のち嘉彰《よしあき》に改名。以下仁和寺宮に統一）、討幕派の中山忠能、正親町三条実愛、中御門経之の三人の公家、武家からは前述の徳川慶勝、松平春嶽、浅野茂勲、山内容堂、島津茂久の五人が任命された。そして、参与には公家の岩倉具視と同志の大原重徳《しげとみ》、やはり討幕派と近い万里小路《までのこうじ》博房《ひろふさ》、長谷信篤《ながたにのぶあつ》、橋本実梁《はしもとさねやな》、武家では、政変参加五藩から三人ずつ藩士の参加が命じられたが、正式に任命されるのは一二月一二日以降である。また、この大号令の趣旨が、在京の諸藩に伝達されたのは、やや遅れて一二月一四日であった。

全体として見ると、総裁と公家の議定・参与は、いずれも討幕派かそれに近い人びとである。対して、武家では議定の島津茂久と、参与の薩摩藩士三人は討幕派だが、他は土佐・越前を中心に、尾張・安芸も含め、徳川慶喜の大政奉還を高く評価し、慶喜の政府参加をめざす勢力であった。王政復古政府は、両派の対立を内包しつつ動き出したのである。

この日に徳川慶喜の処遇をめぐって争われたことで知られる小御所会議（第一回）は、三職などの制度・人事の発表後におこなわれた。山内容堂は、大政奉還をおこなった慶喜を王政復古の功労者として朝議に参加させるよう主張し、討幕派が「幼主」を擁して権力を行使しているとして、厳しく批判し、春嶽がそれに同調した。岩倉や中山ら公家はそれに抗し、薩摩の大久保が進み出て慶喜の失政による重罪を指摘し、慶喜が辞官と領地削減を受け入れるのが先であると主張した（『丁卯日記』、二六〇頁、『大久保利通日記』一、四一四頁）。結果は、大久保らの主張が通り、前述のように越前・尾張両藩が慶喜の辞官・納地を周旋することに決したのである。

専門研究では

一般には、この一二月九日の政変で、天皇親政による新しい政府が誕生し、以後の明治政府へと成長していくと単線的に理解されている。はたしてその認識は妥当だろうか。

専門研究の分野では、一九六三年に出された原口清『戊辰戦争』という古典的研究によって、政変直後の政府は、のちの政府と連続しないことが説かれ、その他の論点も含め学界で大きな論争を引き起こした（戊辰戦争論争）。

原口は、政変当初に誕生した政府は、討幕派（薩摩藩や岩倉）と公議政体派（土佐・越前・尾張・安芸など）の合作であり、いずれかの主導権は成立せず、時間の経過とともに、公議政体派が優位となること、さらに天皇親政は成立せず、天皇は形式的な立場に置かれ、雄藩の代表者たちで構成される会議で、国家意志が決定される政府とした。そして、この政府を「王政復古政府」と呼称することで、以後のそれと区別したのである。以後の政府とは、翌年正月の鳥羽・伏見戦争の勝利によって、少数の雄藩出身の官僚が、雄藩会議による「公議」を否定し、上からの勅命によって政治を主導する政府であり、天皇親政もこの線上に成立すると見る。学界では鳥羽・伏見戦争以後、明治四年（一八七一）の廃藩置県あたりまでを維新政府、あるいは維新政権と呼ぶことが多い。

この原口の見解は、二〇〇〇年代に入り、新しい幕末史研究の展開とともに引き継がれ、より精緻に王政復古政府論が展開されることで、批判的に継承されつつある（高橋秀直『幕末維新の政治と天皇』など）。学問研究の成果が、いかに長い期間をかけて定着していくかを示している。

正当性はあるのか

あらためて考えてみると、出発点の新政府には、正当性においてさまざまな疑問が生じる余地があった。例えば、先に見た二条摂政らを参内停止とする権限を持つのは天皇だけである。しかし、この命令が、一六歳の天皇の意思から出たと言い切るには、やはり躊躇《ちゆうちよ》を覚える。政変参加者でも同様の感をいだく人びとは存在したであろう。その点で言えば、一〇月一三日と一四日に薩摩・長州両藩に出された「討幕の密勅」も似たケースであり、天皇の外祖父である中山忠能が天皇の裁可を得たとする伝承に対し、疑念を挟む研究者が現在も存在する。積極的な天皇の意思でなくとも、天皇がそれを認めていれば偽勅とはならないが、認めたかどうかは史料からはじゅうぶんにわからないのが実情である。このクーデターに終始「陰謀」の性格がつきまとう理由である。

のちに、鳥羽・伏見戦争の直前、徳川慶喜は「討薩の上表」のなかで、薩摩の罪状として、「主上《しゅじょう》御幼冲《ようちゅう》の折柄、先帝（孝明）御依托あらせられ候摂政殿下を廃し、参内を止め候事」という一条を掲げ、つづけて「私意を以、宮・堂上方を恣《ほしいまま》に黜陟《ちゅっちょく》（人事交代）せしむる事」と批判している（『徳川慶喜公伝　史料篇』三、二七一～二七二頁）。幼帝であることをいいことに、摂政を排除し、私意をほしいままにしたというこの批判は、まさに、政変と新政府の正当性への攻撃である。これに対し、同様の感を抱く者は少なくなかったであろう。

山内容堂の態度

例えば、前土佐藩主の山内容堂（図3―3）は、小御所会議の席上で暗に岩倉や中山たちを「暴挙を企《くわだて》られし三、四卿」などと表現し、「何等の定見あつて、幼主（天皇のこと）を擁して権柄を窃取《せっしゅ》せられたるや」などと中山を攻撃したとされる（『丁卯日記』、二六

○頁）。土佐藩は、後藤象二郎らの主導で政変に参加したが、容堂は政変前日の一二月八日に入京すると、突如政変の計画を聞かされ、非常なる不快感を示したという（『寺村左膳道成日記』三、五八～五九頁）。それが、前述の小御所会議での態度へとつながるのだが、先の絵画館や五姓田らの「王政復古」図（前掲図序―2、口絵6）で、容堂がひとり衣冠ではなく、上下（裃）姿で描かれている点にも注目したい。

官位を持つ大名が宮中に参内し、小御所に足を踏み入れる場合、衣冠を着すのが通常であった。もっとも、一〇日以後の小御所会議では、春嶽も衣冠ではなく、麻上下で参内したようだが（『松平春嶽未公刊書簡集』、八四頁）、幕末期からの武家参内の例から見れば、通常ではない。

図3―3：山内豊信（容堂）写真（福井市立郷土歴史博物館蔵）

絵画館の「王政復古」図は、おそらく越前藩の記録である『丁卯日記』に、容堂が当日着京し、旅装のまま参内したという記述があることに注目して、右のように描いたようである（『明治神宮叢書　第十八巻　資料編』2、二六頁）。ちなみに、容堂が入洛したのは、前述のように政変前日だが、急なことで衣冠の用意が調《ととの》わなかった可能性はたしかにある。しかし、急なこととはいえ、あえて朝議と自らの身分に相応しい衣冠を着さず参内したところに、容堂の政変への不信感が示されていると考えるのは、うがちすぎだろうか。

ところで、摂政以下の要職が参内停止の命令に粛々と従ったのはなぜだろうか。一つは、薩摩以下の軍事力に心理的に圧倒されたからであろう。二つ目は、より重要な理由として、幕府と長年結びついた摂関家中心の支配が、すでに人心から見放されているのを、彼ら自身が自覚していたことによるのだろう。この政変での摂政・関白の廃絶と、朝廷要路の参内停止は、まさにクーデターというにふさわしい。

そして、右の正当性に関わる問題も、鳥羽・伏見戦争の勝利という軍事力が、粉砕してしまうのである。

天皇は出御していたか

ところで、この一二月九日の小御所会議に天皇は出御《しゆつぎよ》していたのだろうか。この点は、戦前に編纂された、岩倉具視の事蹟を編んだ『岩倉公実記』中や、宮内省のもとで編纂された『明治天皇紀』一のいずれも、小御所会議に天皇は出御したと叙述している。

以来、これは自明視され、数々の歴史書でも踏襲されている。また、前述のように絵画館や五姓田の図でも、元服前の総角《あげまき》姿の天皇が御簾の向こうに描かれている。

しかし、近年では、天皇は九日の小御所会議（二回開催）に出御しなかったとする研究がある（佐々木克『幕末政治と薩摩藩』、四一七〜四一九頁）。それは、出御を示す史料が存在しないことと、当日の会議の状況（容堂の発言内容など）から判断したものだが、筆者もほぼ同様の理由から天皇はいなかった可能性が高いと考えている。

前記の編纂物のほか、会議に参加した当事者の記録（日記や書状）では、管見のかぎり天皇の出御は確認できない。他に、種々信憑性に問題も見られるが、当事者による回想談が若干存在するので一応見ておこう。例えば、薩摩藩から会議に参加した岩下方平《いわしたまさひら》は、明治二五年の談話のなかで、天皇の出御について、「出御はなかつたと思ふ、御前会議であつたが小松宮（仁和寺宮のこと）、有栖川宮あたりが御列席で、其他は岩倉、中山、嵯峨、中御門、大原抔《など》の公家方と覚へます」と答えている（『史談会速記録』第五輯・合本一、五頁）。

逆に、大名身分で参加した浅野茂勲は、やはり後年の回想で「先づ正面の高御座《たかみくら》に天皇陛下出御あらせられ、会議を聞し召さる」と述べ、天皇は出御したとする（「維新前後――天皇御親政と小御所会議の実況」『幕末維新史料叢書4　逸事史補　守護職小史』、二八五頁）。しかし、小御所には高御座はなく、紫宸殿での別の儀式と混同している疑いが濃厚である。

要するに、後年の編纂物での記述以外、天皇の出御を明確に確認できるものはないのである。

天皇親政は存在したのか

また、先の二回目の小御所会議で、慶喜の処遇をめぐり容堂が激論を発した場面も、そのことを考えるうえで重要である。大久保はその日記に「越公・容堂公大論、公卿を挫《くじ》き傍若無人也」とし、「岩倉公堂々論破」に触れたあと、自らについて「予《よ》席を進み云々豪論に及び候」などと記している（『大久保利通日記』一、四一四頁）。越前藩の記録である『丁卯日記』でも、容堂が「大声」を発したと記録しているところから見て（相手は中山としている）、かなり激しい議論が展開されたと見てよい。いくら天皇が若年であっても、出御していれば、容堂が「幼主」を擁した陰謀云々などと発言したり、大声で議論したりすることは憚られたであろう。

また、従来の研究では、先の原口清によって王政復古政府の成立当初は、天皇親政は成立しなかったことに加え、政変後、天皇は翌年二月の二条城行幸（後述）まで表の評議（三職会議）には現れなかったことも指摘されている。したがって、政変当日の小御所会議に天皇が出席していないことは、これらの史実とつじつまがあっている。蛇足だが、前述のような、九日の山内容堂や、一〇日以降の春嶽らが上下姿で朝議に出ていた可能性があることも、天皇御前でなかったことと関係があるのではないだろうか。『岩倉公実記』や『明治天皇紀』の叙述においては、天皇統治の復活を強調するにあたり、王政復古の出発点である小御所会議に、天皇が存在しないのは都合が悪かったのであろう。これらの歴史書においては、正確な史実が第一に重視されるべきという、現在のような合意は必ずしも存在しないのである。

藩士たちはどこにいたか

しかし、天皇がいなかったとしても、小御所が特別な場所であることに変わりはない。その際に問題なのは、藩士たちが出席した場所である。もういちど、五姓田の「王政復古」図に戻ると、藩士たちは小御所の下段に団子状に固まって描かれている。これについて、出席していた正親町三条は、藩士たちは下段に出座したとするが、越前藩の記録である『丁卯日記』には、「御三の間御敷居際《おんしきいぎわ》迄相詰たり」とある（二五九頁）。「御三の間」とは下段のことで、下段の敷居際という場合、下段の外側にある板敷きの廂《ひさし》（南廂）を指しているのだろう。

古来、日本の建築様式において、建物の本体である母屋《もや》と、外側の廂は重要さに違いがあったとされる。母屋（この場合は小御所の上・中・下段にあたる）に座す人と、床が一段低い廂に座す人のあいだには、身分差が示されていた（太田博太郎『床の間』、四八〜四九頁）。したがって、藩士が下段に上がれなかったのは、むしろ当然の措置とも言えた。

ただ、現在復元されている京都御所の小御所を見ると、南廂からでも、上段まで視界は届き、上段や中段の会話は聞こえる造りになっている。したがって、藩士たちが下段に上れなくても、決して会議の蚊帳《かや》の外ということはなく、容堂らの議論もじゅうぶんに聞こえていたのである。

では、記録に「下段」と「敷居際」という異なる違いがあることをどう説明するか。一つの可能性として、先にも触れたが、大久保が日記において、会議の途中、山内容堂の発言に対してやむなく席を進み「豪論」に及んだとしている点に着目すると、途中から発言に際して下段に上るような状況になったのかもしれない。

武家の宮中進出

すでに説明したように、この王政復古の注目点は、公家と大名、藩士など、身分や階層が異なる人びとが、同じ政治の場に登場したことにある。公家と武家は各々の成り立ちも、文化も習慣もあらゆるものが異なっている。幕末期に岩倉具視は、「朝廷衣冠ノ徒ハ武臣ヲ賤《いやし》ミ、奴僕《ぬぼく》ト同視シ、兵馬ノ何物タルヲ知ラス」と述べて公家の武家に対する差別意識を問題視していた（『岩倉具視関係文書』一、二二四頁）。その両者が、禁裏御所に同居するのである。それにつき、松平春嶽は国元の藩主にあてた書状でつぎのように述べている。

参与も公卿以上と藩士打込に御さ候、雪江・十之丞・鹿之介（いずれも越前藩士）も参与仰せ出され、……雪江抔と大原宰相・万里小路右大弁・橋本少将と御同役に御さ候、未曾有の珍事心配中なから、おかしくなり申候（『松平春嶽未公刊書簡集』、八二頁）。

幕末期から参内をくりかえし、宮中を良く知る春嶽からすれば、家臣が公家と同じ空間に存在すること自体が信じられなかったのである。

このように、当事者たちの頭のなかで事態の整理がつかない状況のなか、政治はいかにおこなわれるのだろう。一二月九日の政変当日のために用意されたと思われる、宮中での諸役の配置を記した史料には、つぎのようなことが記されている（『復古記』一、二三九〜二四〇頁）。まず、評議の場所は小御所とされたが、「仮設」、つまり仮に設定されたという位置づけである。また、総裁《そうさい》（皇族）と議定《ぎじょう》（公家と大名）の詰所は、皇族や前関白、大臣などが控える格式の高い麝香間《じやこうのま》とされた。さらに、参与（下級公家と藩士）は、色紙部屋《しきしべや》という部屋があてられている。この部屋は、小御所にもっとも近い部屋である（図2―5）。つまり、実務を期待される参与が、小御所のすぐ外に配置されたのである。

このなかで、注目したいのは、春嶽や容堂など、幕末期には西側の玄関口にある鶴間に祗候していた人びとが、一挙に小御所に近い麝香間に参入を認められた点である。第二章で見たように、幕末期に武家で同所に入れたのは、将軍のみであった。さらに、彼ら議定の休所は、御学問所と廊下を隔てた向かい側の西側部分、かつて議奏・伝奏が詰めた一角が指定されていた。

そして、もっとも注目されるのは、幕末期に仮建にしか足を踏み込めなかった藩士という卑賤の人びとが、一挙に小御所近くに詰めることになったことである（ただし、藩士である参与の休所は、幕末期と同じく鶴間に隣接する仮建である）。これが、実際にどの程度実現したかわからない部分もあるが、画期的なプランであるのはまちがいない。

藩士たちが小御所に向かって、一歩一歩、宮中の廊下を東側に進むことが、旧来の身分秩序を突き崩す意味を持っていたといえよう。

皇族の批判

しかし、宮中というアンシャン・レジームは、一挙に崩れるものではない。直後に大きな揺り戻しがやってくるのである。大名や藩士の宮中奥深くへの進出は、当然ながら保守的な宮廷人にとっては、自らの既得権益の侵害にあたる。その既得権を成り立たせているのは、天皇と自らの距離の近さである。宮中に武家勢力が進出することは、公家が独占してきた天皇を奪われ、同時に自らの地位を保障した身分秩序を崩壊させることにつながりかねなかった。

ここで、小御所会議に出席していた二人の皇族が、批判の口火を切る。幕末期に還俗し、政治キャリアも豊富な山階宮（図3—4）（中川宮の実兄で、薩摩藩とも親密であった）は、政変直後の一二月一二日と推定される意見書（議定の中山・正親町三条あて）で、つぎのような激しい批判を展開した（「岩倉家蔵書類　慶応丁卯冬王政復古関係之件」、国立国会図書館憲政資料室蔵）。その一部を要約して、紹介すると、つぎのようである。

図3—4：山階宮晃親王（宮内庁三の丸尚蔵館蔵。『明治十二年明治天皇御下命「人物写真帖」』29頁）

①小御所の周辺や、天皇側近の議奏の番所跡に、諸藩士が入り込んだのは大きな失体である。非常の措置として許すならば、三職に相談があるべきだが、自分たち総裁・議定の皇族は何も知らず愕然《がくぜん》としている。

②小御所は清涼殿《せいりょうでん》や昭陽舎（東宮の居所）に代用される場所で、文官と武官が天顔を拝し、天盃を頂戴する「格別御威霊の金殿《きんでん》」である。にもかかわらず、前夜のごとき光景（九日の小御所会議のことか）は悲歎きわまりない。ただ、人選急務の時であるから、藩士には官位や勲位を授けたうえ非常の登用をなすべきだ。

③麝香間《じゃこうのま》はこれまで通り、親王・大臣・宮門跡（出家した皇族）などの休所とすべきである。

このように宮は、武家（大名）のみならず、皇族・大臣以外の公家をも麝香間から排除するなど、皇族としての既得権益に執着する一面を見せている。なお、これとは別に、藩士には六位蔵人格という低い身分を与え、以後、小御所に参入させることも提案している。

保守の心性

この批判を見ると、政変にともなう宮中空間の変革は、宮中を知る岩倉・中山・正親町三条ら討幕派公家たちによって進められたことがわかる。事前に広く相談などすれば、激しい反対を受けるのは、目に見えていたからであろう。

討幕派から見れば、やむを得ない措置だったとはいえ、これが、守旧派の既得権益の侵害に対する怒りを倍加させることになった。山階宮は、右の意見書のなかで、総裁の有栖川宮も含めた自分たち三人の皇族が、政策決定から排除された「木偶人《もくぐうじん》」、「無用の長物」扱いされていると憤懣を記している。そして、「木偶人」の総裁を置くのなら、今まで通り摂政・関白を置く方が大いに美事だ、とまで述べている（同）。つまり、武家勢力の進出だけでなく、岩倉など中・下級公家の下剋上的状況にも不満をあらわにしていた。この山階宮は、幕末期には、摂関家の権力削減を望み、保守的な孝明天皇と対立したほどの人物だったが、その宮にさえ、抜きがたい「保守の心性」とも言うべきものが働いていたのである。

同じく、議定で皇族の仁和寺宮も、政変から五日後の一二月一四日に意見書を出し、無位無官の藩士が、評議のために宮中に参入することを強く批判した。そのような事態は、朝廷が典礼を失し、長い歴史を穢《けが》すことになるとし、相応の官位を与えるまでは、彼らが参加する仮の議事所（会議の場）を、小御所とは違う場所に設けるよう主張した（『復古記』一、二八五頁)。

王政復古は天皇統治の復活という点で、皇族の地位をクローズアップした。有栖川宮は総裁として政府のトップに立ち、山階宮と仁和寺宮が議定の要職に就いた。しかし、政変初日に展開された下剋上的状況は、彼らの地位否定への危機感を抱かせるにじゅうぶんだったのである。

太政官代の漂流

山階宮の意見書が出された一二月一二日に、薩摩の大久保・西郷などのほか、五藩の藩士が正式に参与に任命されたが、公家も含む参与の役所は禁裏の外、今出川御門脇にある一乗院里房《いちじょういんさとぼう》という場所に置かれることになった。さらに仁和寺宮の意見書が出された翌日には、参与を「上《かみ》の参与」(公家)と「下《しも》の参与」(藩士)に分離し、その後、上院と下院で議事がおこなわれることになる。つまり、身分制会議である。この会議がおこなわれる場所が太政官代《だじょうかんだい》(仮の太政官の意味)とされた。ただ、身分を基準にした二院制構想は、土佐藩などにより大政奉還以前から予定されていたものでもある。

しかし、この太政官代は、翌慶応四年(一八六八)正月一三日には、禁裏御所の南にある堺町御門内の九条邸に正式に置かれ、日をおかず同二七日には、かつての徳川将軍の居城である二条城に移された。つまり、武家が参加する政治の場は、天皇と宮中から、次第に離れていったのである。

一方、新政府の官僚を創出していく制度改革も矢継ぎ早に進んでいる。正月一七日には、三職七科《さんしょくしちか》の制、二月三日には八局制《はっきょくせい》へと改革がなされた。これらは、正月三日に勃発した鳥羽・伏見の戦いでの新政府の勝利を経てなされたものである。まず三職七科の制は、官僚制度の出発点と位置づけられるが、先の三職のもとに神祇《じんぎ》・内国・外国・海陸軍・会計・刑法・制度の各事務科を置いた。また、有能な人材を徴士《ちょうし》として参与に登用し、議事と行政に関与させ、また別に各藩より石高に応じて一～三名を貢士《こうし》として差し出させ、下の議事所（下院）に参加させることにした。

そして、討幕派の主導権強化が現れたのが、八局制への改変である。これは、先の七科を局に改め、新たに総裁局を加えて八局としたもので、特に万機を統《す》べる総裁のもとに置かれた総裁局には、副総裁と輔弼《ほひつ》、顧問などが置かれ、強い指導性が与えられた。

副総裁には、復権して帰洛後、一二月二七日に議定となっていた三条実美と、岩倉具視（一二月二七日より議定）が就任し、顧問には長州の木戸孝允（鳥羽・伏見戦争後に合流）、土佐の後藤象二郎、薩摩の小松帯刀、やや遅れて大久保が就任した。このうち三条は、文久政変によって長州に落ち、のちに太宰府で幽囚生活に耐えての復活である。また、大久保たちは徴士参与であるが、徴士はその後出身藩から切り離されて、天皇政府の官僚として位置づけられ、特に総裁局顧問は、実質的に政府を主導する役割をはたしていくことになる（松尾正人『維新政権』、四二～四六頁）。これら維新官僚といわれる人びとは、自らの地位を高めつつ、身分秩序に対する激しい闘争を展開していくのである。

3　万機親裁の誕生

弊習は勢い

慶応四年（一八六八）正月下旬の大久保利通（図3―5）による大坂遷都の建白は、第一章でも取り上げたところであるが、その主眼は、遷都を機会に伝統空間である宮中から天皇を切り離し、天皇を目に見える君主にするための改革を断行することにあった。その意見書に、つぎのような言葉があるのは注目される。

弊習トイヘルハ理ニアラスシテ勢ニアリ、勢ハ触視《しょくし》スル所ノ形跡ニ帰ス可シ（『大久保利通文書』二、一九三頁）。

つまり、伝統や慣習は、長くつづいてきたというだけで力を持つ。当初は、何らかの合理的理由があったとしても、時が経つにつれそれは自明となり、あらためて意味を問うことがなくなる。それが、「理にあらすして勢にあり」という意味であろう。大久保は、「弊習」の具体例として、人びとが天皇の居所を「雲上」、公家を「雲上人」などと呼び、「龍顔」（天皇の顔）は見てはならず、「玉体」は地上を踏むことはないなどと崇め奉っていることを挙げる。これによって、天皇自身も必要以上に自らを「尊大高貴」なものと思い、臣下との距離が隔絶したものになってしまうと批判するのである。

図3―5：大久保利通

実際、王政復古政変後の政府は、宮中の慣例に支配され、実質的に天皇を擁する公家が決定権を持つ、「公家政権」的性格のものと評価されている（高橋秀直『幕末維新の政治と天皇』、五一一頁）。大久保ら藩士出身の参与は、つねに宮中に詰めることができたわけではなく、議定の公家などに召されることによって、小御所に入ることができた。大久保も、同志ともいえる岩倉と面会する際は、勝手口ともいえる非蔵人口で面会することを強いられたのである（『大久保利通日記』一、四一五頁）。

政変後、藩士の置かれた状況について、薩摩出身の参与岩下方平による先に見た談話は参考になる。岩下は、藩士たちによる宮中での下評議について問われ、つぎのように述べている。

> 夫《そ》れは控所でありました、扣所《ひかえ》とは廓（廊）下に屏風を引きて居る、其《その》何か用があれば談するけれども唯々顔を合はすことも余りない、内裏の相談と云ふ様な事は余りござりませぬでした、朝十時から出よと云ふことで、終日何もない、煙草でもシャブッて居る、さうして夜半になつて退去する、夜が明けたこともある、夫れ位なものでした
> （前掲『史談会速記録』第五輯・合本一、五〜六頁）。

これより見れば、政変後に討幕派の藩士が天皇を掌握することなど、夢物語であることがわかるだろう。大久保の批判は、「保守の心性」を前にした、実際の体験に裏打ちされたものであった。大久保は現状を改革するには、宮中から天皇を引き出し、環境を一新するほかないと考えたのである。

当然この遷都構想は、政府内外から激しい反発を受けた。そのため、大久保たちは、より至近距離にある二条城への天皇の行幸を企図していく。政府の中核となる太政官代が二条城に移転されたことは、天皇の同所への行幸を正当化することになった。

松平春嶽の意図

この行幸で注目したいのは、王政復古以後、議定・内国事務総督という重職にあった、松平春嶽の動きである。行幸前日の二月二日、春嶽は実質的に政府のトップであった三条・岩倉両人に意見を述べている。そこでは、行幸時に未だ官爵を得ていない徴士参与（藩士）が天皇の御前近くに出るのは恐れ多く、輿論《よろん》の反発も招くので、行幸を見合すべきとしている。それでも行幸をおこなうならば、二条城の白書院《しろしょいん》の上段に御簾を垂らし、下段に総裁はじめ諸臣が列座し、末席（下段の外側）に徴士参与を出席させて議事を開くよう願った（「大日本維新史料稿本」二月三日の条）。ちなみに、白書院には中段はない。

ここで目を引くのは、一般に幕末期の賢侯として開明的、進取の気風を持つとイメージされがちな、春嶽の保守的な姿である。官位を有さない藩士たちを天皇から遠ざけようとしている。これでは、「保守の心性」を顕《あらわ》にした皇族たちと大差はない。なぜ、春嶽は大久保たち徴士参与を天皇から隔離しようとするのか。意見書にあるように、輿論の反発を恐れてのことなのか。

春嶽による、藩士への差別的な見解は、それ以前にも見られた。一二月九日以降おこなわれていた小御所会議では、同月一三日からそれまで出席が許されていた下参与（大久保ら藩士）が参加できなくなっていた。大久保によれば、その措置は春嶽と山内容堂の意見によるものという（『大久保利通文書』二、一三八頁）。九日の会議以降、前述のごとく、大久保と春嶽・容堂らは、徳川慶喜の処遇などをめぐり、ひきつづき激しく争っていた。身分の壁は、会議の場や天皇御前から大久保らを排除する格好の理由を与えたように思われる。春嶽は大久保や西郷のことを、「薩奸」などと呼び、敵視していたのである（『松平春嶽未公刊書簡集』、八九頁）。

そして、鳥羽・伏見戦争直前には、春嶽・容堂らの巻き返しが功を奏し、慶喜の復権（議定就任）の可能性は高まっていた。それを打ち砕いたのが、戦争での新政府勝利と、慶喜の「朝敵」指定だった。この結果、慶喜も含めた会議による国家運営をめざした春嶽らは大きな打撃を受けた。代わりに、慶喜追討を強引に進めようとする大久保ら討幕派が三条・岩倉の協力を得て力を持ちつつあった。春嶽の先の意見書に、そのような事情を背景に、大久保らを天皇から遠ざけたいという狙いが込められていた可能性はないだろうか。

二条城行幸

二月三日に二条城行幸は実現し（口絵7）、前述の八局制への制度改革が断行されるとともに、徳川慶喜追討の大号令が発せられた。当時の二条城は、二の丸御殿（現存）と本丸仮御殿の二つが存在したが、大号令が発せられた際、天皇は本丸の白書院の上段に垂らされた御簾の内側にいた。そのため、最末席の廂部分に平伏した藩士からは、天皇の姿はじゅうぶん見えなかったと思われる。春嶽の意見が影響を与えたのだろう。

しかし、春嶽にとって痛恨だったのは、行幸において議事がなされず、一方的に慶喜追討の大号令が発せられたことである。それを阻止できなかった点から見れば、所詮春嶽は敗れたといえる。『明治天皇紀』一は、二条城行幸について、「大政復古の後、車駕《しゃが》行幸は是れを以て始と為す」と述べる（六二二頁）。

くりかえすが、二条城に天皇が行幸したのは、前述のごとく太政官代が置かれていたからだが、政府首脳にとって、二条城を最初の行幸先とすることには大きな意味があったと思われる。

つまり、新旧権力の交代を劇的に演出するという狙いである。二条城は、長年京都の朝廷を統制してきた幕府の根拠地である。春嶽は親交の深い徳川家臣の大久保忠寛《ただひろ》への手紙で、「太政官（二条城）へ参勤致し　親征或は出兵等の評議の節は実に残念なること限り無く、ハラワタ断ちきられ候心地」と述べている（『戊辰日記』、一五七頁）。新たな支配者が、二条城のかつての将軍に成り代わり、全国の支配者として姿を現すという象徴的な演出であった。

御学問所での謁見

この二条城行幸を機に、まず、天皇と大名の空間的距離に変化が現れはじめた。王政復古政変以来、天皇は三職会議に出席することはなかった。そのため、春嶽や容堂などの有力武家が天皇と対面する機会はなかったと思われる。しかし、行幸後の二月一五日に、春嶽が宮中の御常御殿で天皇と対面するという、画期的な出来事があった。

これは岩倉と中山、正親町三条の画策によって実現した。いずれも公家討幕派の人びとである。春嶽は衣冠姿で天皇のもとに祗候し、天皇は風邪気味のため、平生の姿で床の上で対面したという。春嶽の目的は、岩倉らの依頼により、天皇が拒んでいた外国公使との謁見について意見を述べることにあった。春嶽の言上に対し、天皇からも応答があったという（『松平春嶽未公刊書簡集』、一〇三頁）。

御常御殿は、幕末期には武家では基本的に将軍以外は入ることができない特別の空間であった。春嶽は一般の大名としてはじめて、その場所に足を踏み入れたのである。岩倉としては、天皇を説得する必要に駆られて、春嶽の協力を仰いだのだろうが、他方で、安定した政治を遂行するには、徳川慶喜追討などで不満を強める春嶽を取り込む必要がある。御常御殿という空間への誘いは、「お前は特別だ」「信頼している」というメッセージのようにも思えてくる。

また、二月二八日に在京中の主な大名が、御学問所で天皇と集団で対面し、別に島津忠義と毛利元徳（長州藩世子）のみ、天皇御前で拝領物を賜るという特典があった。そのあと、議定・参与と諸大名が小御所（出御はない）で酒饌《しゆせん》を賜った（『復古記』二、五五一〜五五三頁）。第二章で見たように、御学問所も、幕末期に足を踏み入れた武家は、将軍かそれに準じる人びとのみであった。『復古記』二が載せる史料では、小御所に出席した大名は合計三七人であり、文久三年（一八六三）の将軍家茂の初参内に供奉《ぐぶ》した人数より多い。

この全員が御学問所で天皇と対面したかどうかは定かでないが、御学問所では宸翰が示され、慶喜追討のための親征と、天皇自身が万里の波濤《はとう》を凌ぎ、身をもって艱難辛苦《かんなんしんく》に当たり、国威を海外に示す決意が表明された。この大名の御学問所での対面は、天皇が風邪で体調不良のなか、岩倉が中山に催促するかたちで実現した。ただ、この時は幕末期と同じく御簾越しに龍顔を拝するのみだったと思われる。

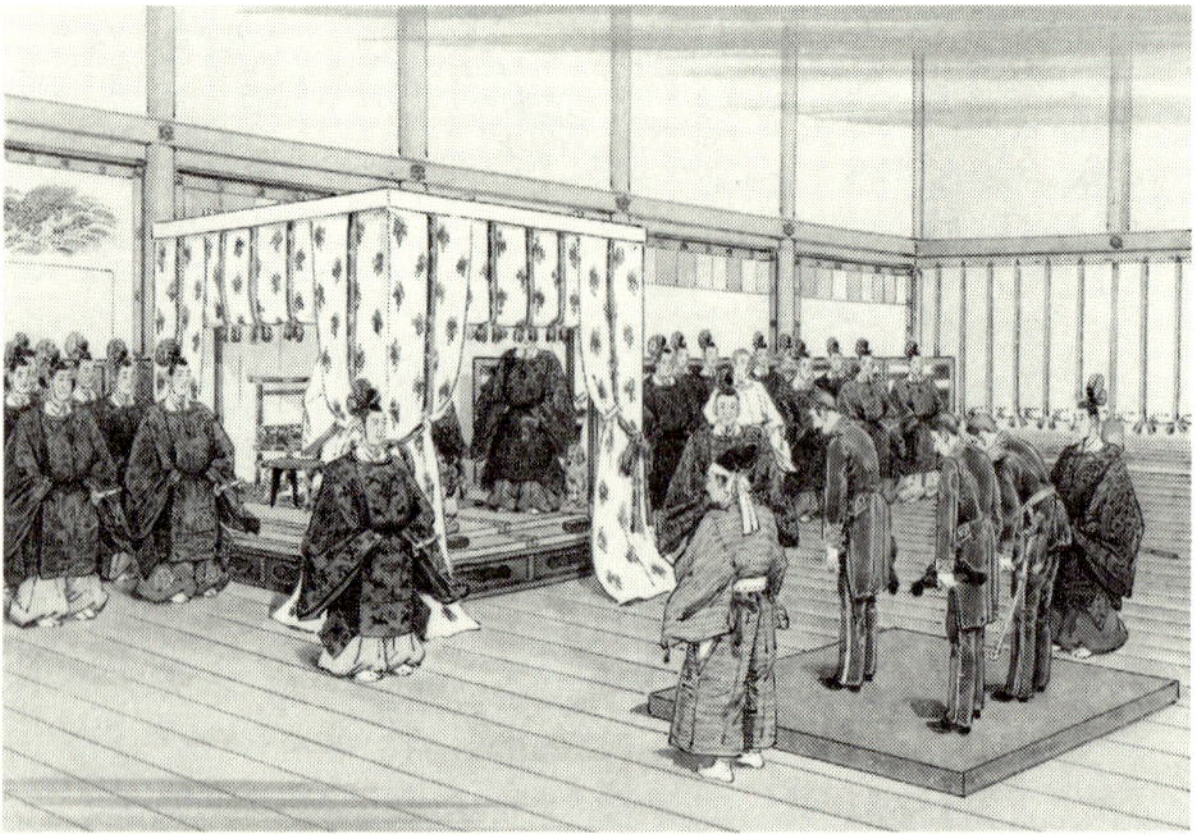

図3―6：二世五姓田芳柳「各国公使接見」（宮内庁公文書館蔵。『明治天皇紀附図』）

天皇に近づく視線

そして、無位無官の大久保たちと天皇の距離も確実に縮まっていく。まず、外国公使に対する天皇の接見（二月三〇日がフランス・オランダ、三月三日がイギリス）が、紫宸殿において挙行された（図3―6）。これは、新政府が諸外国と外交関係を結ぶために必要な国際慣行とされ、強く拒否した天皇と奥向（側近）の反対を抑え込んでおこなわれた。三月三日におこなわれたイギリス行使パークスらへの接見を例にとれば、天皇は、彼らの前で立ち上がり、使節の敬礼に対し礼を返すという伝統を破る対応をおこなった（A・B・ミットフォード、長岡祥三訳『英国外交官の見た幕末維新』、一七六～一七八頁）。

この接見の礼式は、松平春嶽の後年の回

想録「逸事史補」によれば、幕末期の将軍による外国公使に対する接見方法なども参考にしたようだが（『松平春嶽全集』一、三七四頁）、天皇と宮中の歴史を考えれば、思い切った改革であることはいうまでもない。江戸時代の天皇にとっての必読書であった、九世紀の宇多《うだ》天皇による『寛平御遺誡《かんぴょうのごゆいかい》』では、天皇が異国人と対面する際は、必ず御簾ごしにおこない、直接会ってはならないとされていた。しかし、平安時代に後白河《ごしらかわ》法皇が「宋人」と対面した際、公家たちはこれを拡大解釈し、異国人と会うこと自体が禁じられているとして、法皇のおこないを批判したという（石井正敏『「武家外交」の誕生』、一六七～一六八頁）。パークスらイギリス使節は、天皇の顔貌と身体をはっきり捉えている。天皇が御簾ごしでもなく、立ち上がって外国人と接見したことが、いかに伝統破りであったかがわかる。

またこのおり、参与で外国事務局判事の伊藤博文《いとうひろぶみ》は、英語を解せるため通訳として公使の至近距離に立った。藩士身分で天皇の姿をはじめて間近に捉えたのは、のちに初代総理大臣となる伊藤だったのではないだろうか。そして、パークスへの接見は、後述する大坂親征行幸の最中、東本願寺大坂別院において、イギリス女王による信任状捧呈を目的としてもおこなわれた（閏四月一日）。

外国人に姿を見せたことで、堰を切ったように事態は展開する。直後の三月九日におこなわれた二度目の二条城行幸では、天皇が太政官代に臨み、副総裁以下参与一同にいたるまで天顔を拝し、御前で蝦夷地《えぞち》開拓などの議事があったと記録される（『大久保利通日記』一、四四六頁）。その際、御簾は巻き上げられ、天皇はついに三職に顔を見せたのである（ジョン・ブリーン『儀礼と権力――天皇の明治維新』、一〇〇～一〇一頁）。

五箇条誓文と天皇

そして三月一四日の五箇条誓文の誓約式は、同じく紫宸殿でおこなわれ、同日に天皇が政治の前面に立つ決意を述べた宸翰（いわゆる「国威宣揚の宸翰」）が諸臣に示された。この儀式は天皇が天神地祇《てんじんちぎ》に五箇条を誓い、そのあと三職と公家、および在京の諸大名が、天皇と神に、同じく五箇条を誓約するものである。そこでは、天皇と皇祖・皇宗のつながりを強調したイデオロギーが主軸を占めたこともあり、太政官代のある二条城ではなく、伝統ある禁裏の紫宸殿が舞台として選ばれたものと思われる。

天皇は、屛風を背景に南面して座し、西側には神座が設けられ、議定の公家や大名、その他公卿（三位・参議以上）は母屋の東側に座し、母屋の外側にある南廂には、殿上人（五位以上）が座した。官位を持たない徴士参与（藩士）は、麻上下姿で東側の廂に座を占めた（議定や公家は衣冠）。土佐藩出身の参与で、誓文発布の準備に当たった弁事神山郡廉《こうやまくにきよ》は、その日記に「龍顔を今日初めて拝し奉り候事」と記した（「大日本維新史料稿本」慶応四年三月一四日条）。御簾のなかではなく、屏風を背に座した天皇の姿を遮るものは何もなかったであろう。

宸翰のなかで、天皇は「朕自身骨を労し、心志を苦め艱難《かんなん》の先に立」つこと、いにしえの烈祖のごとく、政治の先頭に立つと宣言していた（『明治天皇紀』一、六五〇頁）。臣下から姿が見えないようでは、その覚悟が疑われることになるだろう。

大久保・木戸の感激

右の誓文の誓約式の翌日、天皇の大坂親征行幸の期日が布告された。まずそれ以前、二月一五日には、慶喜追討のため、東征大総督の有栖川宮熾仁親王《ありすがわのみやたるひと》が、軍勢を率いて京都を進発し、東海道以下の諸道の総督と、配下の軍勢を指揮下に組み込み江戸をめざした。そして、天皇自ら朝敵慶喜を追討する姿勢を示すべく、大坂への親征行幸が計画されたのである。これは、大久保らが当初めざした大坂遷都が、公家勢力や松平春嶽など有力武家の反対にあったため、次善の策として考えられ、幾多の困難を経つつ断行された。

その親征に際して期待された天皇像は、大久保が岩倉に代わり執筆したとされる「親征に関する意見書」（『大久保利通文書』二、二〇八頁）に明らかである。そこでは、天皇に自ら兵士に先立って苦労を忍び、大坂湾での軍艦運用や砲術の作用などを点検し、世界情勢を肌で感じ取ることを求めている。

天皇は三月二一日に禁裏を出発し、二三日に行在所《あんざいしょ》である大坂西本願寺の別院に入った。四月六日に大坂に下った総裁局顧問の大久保は、九日に行在所で天皇の御前に召され、京都の近状について言上した。もちろん、直接会話を交わしたのではなく、副総裁の三条実美が傍らで取り次ぐというかたちである。しかし、その意義は、大久保自身に語ってもらうのがよい。

実に卑賤の小子、殊に不肖短才にして、かくのごとく玉坐を穢《けが》し奉り候義、言語に絶する恐懼《きょうく》の次第、余一身の仕合せに候、感涙の外これ無く、尤《もっとも》藩士にては始めての事にて、実は未曾有《みぞう》の事と恐懼奉り候（『大久保利通日記』一、四五二頁）。

記録として見るかぎり、藩士身分で天皇の御前に召された人物はいまだ存在せず、「恐懼」という表現を二度も使用している点に、その心情がよく理解できる。この日、大久保は薩摩藩士らと大飲して祝した。

大久保への接見を画策したのは、天皇の留守中、京都での大久保らの尽力に報いようとした副総裁の三条であった。三条は中山忠能に対して、今のような時節は、特別な「人の意表に出」る措置がなければならず、草莽《そうもう》の人びと（仕官していない在野の人びと）をも玉座近くに召し出した「古昔帝王」に倣うことを主張した。そして、もしこれが実現しなければ、行幸の甲斐もなく、天皇の失徳になるとまで述べていた（『中山忠能履歴資料』九、二八三頁）。

つづいて四月一七日、五箇条誓文と宸翰の起草に関わった木戸孝允（総裁局顧問）が、同役の後藤象二郎とともに、東本願寺別院に行幸した天皇の御前に召され、天下の形勢、世界情勢について下問された。木戸は無位無官の藩士が天顔を拝したことを「数百年、未だかつて聞かざるなり」と記した（『木戸孝允日記』一、七～八頁）。

しかし、大久保を含め右の事例では、必ずしも天皇が御簾を取り払って、姿を見せたかどうかわからない。ただ、個人的に天皇に召されるという行為自体、破格の恩典であることはまちがいなかった。

太政官代の宮中移転

関東では、慶応四年四月一一日に、江戸城が無血開城された。恭順した徳川慶喜は江戸城を退去して水戸に向かった。これにより、閏四月四日に新政府は天皇の大坂からの還幸を布告し、そのなかで、五箇条誓文に基づいて、以後しばしば大坂に行幸し、同地に太政官代を置き、万機親裁をおこなうことも触れられた。そして、まず近いうちに二条城へ玉座を移し、天皇自ら政治をおこなうとした（『復古記』四、二〇〇〜二〇一頁）。つまり、二条城への玉座移転は、万機親裁をおこなう天皇への変革と、不可分のものとして位置づけられたのである。

そして、閏四月七日に天皇は京都への還幸の途につき、翌八日、庶民が拝観に群がるなか葱花輦《そうかれん》という輿に乗り、南の建礼門から禁裏御所の紫宸殿に入った。つづいて同月一七日、遠からず二条城を仮の皇居とし、本丸に皇居、二の丸に太政官を新規に建設することが布告され、さらに同二〇日には、翌二一日より新皇居造営などのため、当分太政官代を宮中に移すことが布告されたのである（『戊辰日記』、三六四頁）。

その予告通り、太政官代が宮中に移された閏四月二一日、五箇条誓文に則った万機親裁の御沙汰と、太政官七官制への制度改革（政体書）が公にされた。まず前者では、以後天皇は、後宮《こうきゅう》（女官や側近に囲まれる御常御殿）を出て、毎日御学問所で政務を聞き、政務の合間に文武に励むことが示された。後者の制度改革は、太政官に新たに七官を置き、天皇から政治を委任されていた総裁職を廃止し、新たに行政官に置かれた輔相《ほしょう》が、天皇の親政を補佐するもので、ここにはじめて天皇親政の体制が整ったのである（原口清「明治初年の国家権力」、七九〜八一頁)。

藩士の身分上昇

政体書では、官吏の等級が設けられ、大久保や木戸など徴士参与は一等官である輔相と議定などについで二等官とされ、一等〜三等官は、外国に対し「大臣」と称するとされた(『復古記』四、六八六頁)。そして、翌閏四月二二日には、輔相の岩倉具視や議定の松平春嶽らの異例の官位昇進とともに、徴士参与に位階の授与がなされた。

その背景には、宮中での身分と政治的ポジションが釣り合わない問題があった。例えば、岩倉のような実力者であっても、公家の摂関家・清華《せいが》家・大臣家という高い家格を持つ人びと(三条は清華家)とは、宮中では手を突いて話さなければならず、それは春嶽など大名も同様だったという(『横井小楠関係史料』二、五二七〜五二八頁)。このような宮中の仕来りが、円滑な政治運営の支障となり、藩士の政治参加を阻むものであるのは容易に理解できる。

それに対し、大久保や木戸などがこの時に授与された従《じゅ》四《し》位下《いのげ》とは、旧幕時代では幕府の老中か、一〇万石以上の家格の高い大名なみであり、自藩の殿様にも迫る地位であった。同じく、下級公家でありながら、幕末の摂関家なみの昇進となった岩倉(従三位《じゅさんみ》右兵衛《うひょうえの》督《かみ》から従一位権大納言・右近衛権大将）や、幕末の御三家なみの昇進となった春嶽（正四位参議から従二位権中納言）ら一部の大名は、人心に配慮して昇進の猶予を願った。同時に、大久保や木戸など参与も位階授与の猶予を願い、受け入れられた（明治二年〈一八六九〉にあらためて任じられる）。これは、改革に反発し、彼らを敵視する勢力の存在、出身母体の藩内の感情を考慮したものだろう。それでも、位階に相応しい地位を得たという点は動かず、岩倉は大久保に宛てた手紙で、わざわざ「大久保四位殿」などと呼び、岩倉と大久保は徴士参与の待遇上昇の相談に及んだ（『岩倉具視関係文書』三、四九六頁）。

そして、同月二八日には、彼らに衣冠が授けられることになった（『復古記』四、七三五頁）。これまで、宮中の重要儀式では、官位のない徴士の参与は麻上下姿であった。衣冠は有位の大名と同じであり、彼らの視覚的な身分上昇を示すものである。また、三等官以上は、参内時には公卿門から入り、車寄から参内することが許された。幕末期には車寄から参内できるのは、公家を除けば将軍だけであったことを想起すべきである。革命的とも言える身分上昇である。

万機親裁の誕生

そして、政体書と同時に出された、禁裏内部の詰所を示した「附録」によると（図3―

7）、天皇の御座は御学問所に置かれ、補佐する輔相は、廊下を隔てた八景間《はっけいのま》と水鳥間《みずどりのま》、議定は林和靖間《りんなせいのま》、そして、参与の大久保らは、錦鶏間《きんけいのま》と白張間《しらばりのま》（位置は不明）が詰所とされた。また、同区域には、同じく藩士が任用された弁事や、史官などの実務者の詰所も設定された。八景間は、もともと旧幕時代は摂政・関白が祇候する部屋、その他は、議奏や

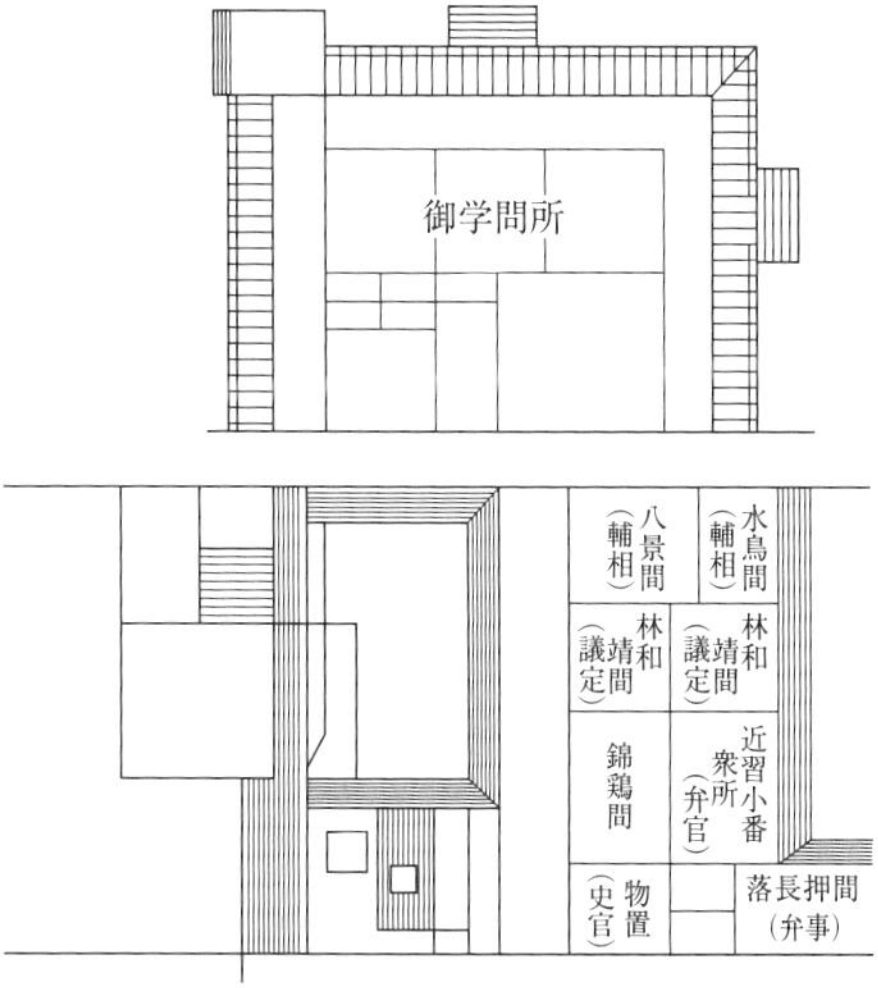

図3—7：政体書による禁裏中枢図（宮内庁書陵部蔵「京都御所之図」（218-218）の一部、「京都御所取調書」上〈研究代表者高木博志『明治維新と京都文化の変容』、60頁〉をもとに作成）

武家伝奏、禁裏の勤番公家の詰める宮中の中枢部分である。大久保ら徴士参与は、かつての天皇側近が詰める区域に進出したことになる。以後、岩倉は八景間への天皇の出御を求めて実現するが、それは天皇が臣下による政治を聴聞する、親政を表現する行為である。

　天皇親政が制度的に裏づけられたことで、暫定的な扱い

であった太政官代も単に「太政官」となった。雄藩出身の藩士たちは、天皇の近くに仕える拠点を獲得した。彼らにとって天顔を拝することは、もはや格別の恩典ではない。日々、政務に励む天皇、文武講究に励む天皇を横目に、彼らは改革に邁進する条件を獲得したのである。

熊本藩士で参与の横井小楠は、国元にあてた書状（五月二四日付）で、日々政治の空間に出御する天皇について「御容貌は長《な》が御かほ、御色はあさ黒くあらせられ、御声はおふきく、御せもすらりとあらせられ候」、さらに顔貌については、「唯々並々ならぬ御英相」と褒めちぎっている（『横井小楠関係史料』二、五三四〜五三五頁）。玉座と小楠の間は、一間半（三メートル弱）という至近距離で、天皇の脇には煙草盆しかなく、近習（公家が就任）二、三人も離れた場所にいたという。もっとも、小楠は天皇と同間でなく、敷居の外にいたようだが、幕末以前からは想像もつかない変化である。時に小楠は一人で御前に召されることもあり、これを一〇〇〇年以上ない快挙としていた。小楠が天皇に対面した場所は史料では判然としないが、御学問所か八景間であろう。

「将軍の空間」を乗っ取る

天皇親政の開始とともに、太政官は宮中に移転したが、すでに述べた通り、二条城に皇居が完成すれば、天皇と太政官は二条城に移る予定だった。その一方で、布告では、二条城はあくまで仮の皇居とされていたが、それはなぜだろう。推測になるが、二条城は禁裏御所に近いという意味では、大坂より守旧派の反発を弱めることができる。しかし、禁裏と近いだけに、保守的な磁場の影響を受けるはずである。大久保ら政府首脳は、あくまで大坂遷都を着地点として想定していたのである。

ところが、状況は急速に変化していった。江戸開城後の徳川処分問題、関東経営という課題のなかで、六月以降、天皇の東幸計画が急速にもち上がり、現実味を帯びはじめた。そして、八月二七日の即位の礼、九月八日の明治改元を経て、同月二〇日に東京に向け出発した天皇は、一〇月一三日に旧江戸城に入り、同所を東京城とした。さらに、同年一二月末に一旦京都に還幸したのち、翌明治二年三月にふたたび東幸し、東京城はさらに皇城と改称され、実質的な遷都となった。同時に太政官も皇城の内部に移され、二条城への皇居造営計画は、自然と消滅したのである。

このように、新政府は、計画倒れに終わった二条城、実際に皇居となった旧江戸城、これら「将軍の空間」を乗っ取るかたちで、「天皇の空間」を新たに形成しようとした。当然ながら、旧権力を否定するために、その空間を制圧することには、大きな意味があったにちがいない。また、広大な敷地という「箱物」の利便性もあったかもしれない。

図3—8：中山慶子（東京大学史料編纂所「古写真データベース」）

しかし、旧江戸城に天皇の居を構えることは、つぎに述べるように、近代の天皇のあり方や性格と深く関わっているようでもある。

武家政権の伝統

天皇を取り囲むベールが徐々に剝がされていく過程は、単に「近世の天皇」の姿が眼前に現れてくるのと同じではなかった。従来とは異なる新しい天皇の姿は、少なからぬ人びとに衝撃（ショック）を与えた。

例えば、天皇の生母で典侍《てんじ》という奥向の要職にあった、中山慶子《よしこ》（図3—8）（中山忠能の娘）である。慶子は、閏四月二八日に実父の中山忠能にあてた書状で、政府の親外国政策を厳しく批判し、輔導《ほどう》の任にある忠能の責任を指摘するとともに、「実にけしからぬ——武家者共」に同調しないよう強く意見している（『岩倉具視関係史料』下、三六三頁）。その慶子の矛先は天皇にも向かう。大坂から帰京して以後の天皇について、つぎのように批判する。

唯々御あら〳〵敷、御むちやきはり斗《ばかり》御つよく成られ、終には天下に御悪名を残され候御事と、何とも〳〵〳〵恐入まいらせ候（同、三六二頁）。

この荒々しい天皇の姿とは、還幸後、天皇が自ら乗馬を望み、熱心に取り組んでいたことなどを指しているが（『大久保利通文書』二、三〇一頁）、天下に「悪名」を残すとまで言うところに、怒りの強さがにじみ出ている。

それ以前にすでに天皇は、大坂滞在中に軽舸《けいか》（軽快な小舟）で安治川《あじがわ》を下り、大坂湾での艦隊の訓練を視察し、陸では諸藩の調練を天覧した。また、東本願寺別院に行幸したおりは、仮演武場で藩士らの撃剣を御簾ごしに天覧し、住吉神社でも、随従した公家や藩主の弓射と乗馬を天覧している。

このような活動的な天皇の姿が、大久保らが追求してきた天皇像であることは、あらためて確認するまでもない。慶子の言う天皇の「あら〳〵敷」姿こそ、これからの天皇が進む方向を指し示していた。改革を推進する「けしからぬ武家者共」の側から見れば、天皇を武人とするには、慶子のような保守派が力を持つ禁裏御所ではなく、武家の空間、それも、旧江戸城という家康以来の武家政権の伝統ある空間こそ、好ましかったように思われてくる。

近代天皇の相貌

もっとも、旧江戸城が皇居となって以後も、維新官僚と言われる大久保たち藩士出身者が、天皇の身辺から守旧勢力を排除するには、多大な時間と労力を要した。しかし、明治四年（一八七一）七月の廃藩置県は、士族（武士階級）による天皇輔導の道を開く大きな画期となった。西郷隆盛は同年一二月に叔父にあてた手紙において、以前は宮内省（明治二年七月に設置）の官員でも士族は天皇の御前に出るのも難しかったと述べている（『西郷隆盛全集』三、一八七頁）。宮中の因習は一朝一夕では改革できなかったのである。

しかし、廃藩置県を契機とする政府改革にともない、強力な宮中改革によって、天皇の身辺から旧来の女官が罷免され、新たな人選がなされるなどの大鉈《おおなた》が振るわれた。士族が天皇の側近に進出し、強力な輔導体制が敷かれていくことになる（松尾正人『維新政権』、二三九〜二四〇頁）。

それ以後、西郷の述べるところでは、天皇は士族の侍従を寵愛し、皇居のなかで日々和漢洋の学問、乗馬に励み、御親兵を自ら指揮して調練に熱中するなど、文武に励む君主へとさらなる変化を遂げていった。西郷は「全く尊大の風習は更に散じ、君臣水魚の交りに立ち至り申すべき事と存じ奉り候」(『西郷隆盛全集』三、一八九頁)と明るい展望を語っている。

これに関連し、明治期に侍従として天皇に仕えた万里小路通房《までのこうじみちふさ》が、はるか後年、昭和三年(一九二八)に残した談話は興味深い。質問者が、明治五年(一八七二)に侍従となった旧幕臣の山岡鉄太郎《やまおかてつたろう》(鉄舟)に触れ、「(天皇が)山岡鉄舟と相撲をとられたとか申すことですが」という問いかけに対し、つぎのように答えている。

山岡等は私の洋行中に御相手に出ました、山岡はお上と相撲をとつた様でしたが、これは座相撲が多うございました、相撲は大へん御喜びの様でしたが、山岡はいきなりお上を負かしましたとか云ふ話があつた様でした、私が洋行より帰りますと、お上及び侍従の様子が大へん変つて居りました、これは公卿以外から側近に入つたので活潑になられたのであつて、武臣の側近奉仕者が御活潑にしたのに外ありません(『「明治天皇紀」談話記録集成』一、七九～八〇頁)。

談話中、別の箇所でも万里小路は「山岡が侍従として相撲の御相手をしていた頃は皆無茶苦茶でした」(同、八九頁)と述べているが、旧江戸城で武士の官僚に親しんだ天皇は、

図3―9：岩倉具視（宮内庁三の丸尚蔵館蔵。『明治十二年明治天皇御下命「人物写真帖」』31頁）

もはや近世の天皇とは異なっていた。天皇は乗馬をことに好み、明治六年（一八七三）以降に居所とした赤坂仮皇居では毎日遅くまで乗馬に励み、「エイクソ」などと言いながら手綱をさばいたという（昭和四年目賀田万喜談話、同、五〇九頁）。その相貌は、むしろ、幕末に旧江戸城で文武に励んだ、もとの主である将軍に似ていたのである。

革命のメインルート

藩士たちが権力を掌握する過程を見通したとき、それは、まさに革命的な政治過程だったといえる。その際大久保や木戸などの武士だけではなく、革命事業を公家の側から支えた岩倉具視（図3―9）や三条実美などの力も大きい。両者は各々事情は異なるが、一方は洛北岩倉村で、他方は九州の太宰府で苦難の幽囚生活に堪えつつ王政復古を展望した点で共通する。時に絶望感にとらわれるなか、両者の周囲には変革を志す薩摩・長州・土佐その他の下級藩士や坂本龍馬《さかもとりょうま》や中岡慎太郎《なかおかしんたろう》ら多くの脱藩士が存在した。下級武士たちとのつながりなくして両者の復活はなかった。彼らにとり武士たちは同志であり、王政復古における基本的な変革イメージを共有しえたという側面があるのだろう。

明治維新は革命か否かについて、一般の人びとにくらべ、研究者は慎重に言葉を選ぶことが多い。それは、学問レベルにおいて、戦前の日本資本主義論争から戦後の天皇制の性格規定までの長い論争の歴史があるからである。しかし、その変革の画期性を否定する人はいない。下級武士たちが成り上がり、天皇中心の近代国家を形成する様は、やはり革命というにふさわしい。

明治維新という変革は、政治・社会・文化の広範囲に及び、さまざまな側面を持っているが、なかでも、藩士たちが一歩一歩宮中の奥深くへと進む過程は、本章で見たようにアンシャン・レジームとの激しい闘争の過程だった。また、それは近世の天皇が、その姿を変貌させていく過程でもあり、両者はパラレルの関係にあった。「近代の天皇」は革命そのものだったのである。

結　幕末と明治をつなぐもの

王政復古とは

いったい、王政復古とは何だったのか。この分野のスタンダードとも言える井上勲『王政復古』は、これを「近代日本の出生証」と表現した。神武創業への復古とは天皇統治の一点を除き、過去の一切を否定し、新たな政治変革を可能にする先行条件を提供したという解釈は印象的である。

それに対し、本書では王政復古を、事件としての慶応三年一二月九日の政変（大号令）ではなく、政治君主としての天皇を生み出す歴史の流れとして捉えた。したがって、政変は重要な画期でありつつも、着地点ではなく通過点として位置づけられる。また、薩摩や長州などの討幕派、岩倉具視などの公家討幕派だけでなく、彼らが否定し対立した勢力の行動も、王政復古の流れを創り出すうえで重要な役割をはたしたと見たのである。

例えば、徳川将軍である。自らの権力保持のため、政治の先頭にたった若き将軍の上洛は、天皇の政治君主化を推進し、自らの没落を早める道筋を創り出した。そして、上洛途上で見せた君主像は、天皇の来るべき姿を予告するものであった。つまり、困難な政治の先頭に立ち、「民の父母」として仁慈を示す君主像は、明治維新期の内外の危機のなかで待望されたものであり、天皇と滅びた徳川将軍が共有したものなのである。両者は、東海道という空間を通じて時間を超えてつながっていたとも言える。

そして、将軍上洛前後の大名参内の飛躍的増加は、権力の中心である天皇を、実体ある身体として大名に体感させる契機となった。本書の冒頭でも述べたように、天皇と対面した個々の大名は、決して幕府を否定しようとしたのではなく、王政復古を希求していたわけでもない。今までの将軍に対し、新たに力を持ちつつある天皇と積極的に関係を結ぼうとし、尊崇の念を強めたにすぎない。しかし、その個々の行為の集積が、巨大な束となったとき、王政復古の不可逆的な流れが生み出されていった。周囲に遅れまいとして京都に参じた多くの大名たち、また、天皇の信頼を獲得した徳川慶喜なども、幕府が消滅することなど意図したわけではない。

その延長線上に、討幕派と言われる人びとの意識的な政治行動があった。彼らは最終的に一二月九日の政変と大号令によって摂関制度と幕府を廃止し、アンシャン・レジームに止めを刺したかに見える。しかし、それとの抗争は、ここから本格的にはじまった。政変を経ても、長い歴史を持つ禁裏御所という空間は、彼らの前に強固に立ちはだかった。苦心惨憺、最終的に彼らが手中にしえた近代の天皇は、「保守の心性」を有する多くの人びとが、想像だにしなかった姿を現したのである。

山内容堂の逸話

本書でも頻繁に登場した松平春嶽は、親交厚かった山内容堂について、つぎのような逸話を伝えている。容堂は討幕派主導による変革に異を唱え、晩年は驕奢《きようしや》に流れた。明治二年(一八六九)七月に麝香間祗候《じやこうのましこう》(閑職にある華族の名誉的待遇)となり隔日の出仕を命じられたが、春嶽によれば、容堂は召されても参内せず、明治五年(一八七二)に死去する二、三年前、一度皇居に参内したおり、突然天皇に向かって「昔の天子様はとうてもよろしく候へ共、方今の天子様は何もかも御政事遊ばされ、御大事に候」と述べ、あとは何も言わなかったという。春嶽は「僅々の数言、実に深味あり」と評した(「逸事史補」『松平春嶽全集』一、三九九頁)。

古代からの長い歴史のなかで見れば、天皇と政治の関わり方には変遷がある。研究者のなかには、不親政を天皇統治の伝統とし、外国法の影響を受けた古代の律令国家の時代と明治時代を例外的なものとする見解がある(石井良助『天皇』)。その一方で、理想とされたのはあくまで親政なのであり、時代状況によって不親政の時期がかなりあったと解するべきだ、という見方もある。ただ、いずれにせよ日本史上で見れば、江戸時代が天皇をもっとも政治から遠ざけた時代であるのは否定できない。

容堂は文政一〇年（一八二七）の生まれで王政復古政変時は四一歳、春嶽は一歳年下である。近世後期のいまだ徳川全盛の時代に生を享《う》けた彼らにとり、天子（天皇）が実際に政治をおこなう時代がくるなど、夢にも思わなかったのではないか。

今までの研究は、その江戸時代の天皇から見て、近代の天皇はいかに変わったかに注目してきたように思う。それに対し、本書は明治維新という同時代性のなかで将軍と天皇両者の連続性に注目した。近代天皇の誕生を考えるうえで、なぜ、将軍と天皇を比較する必要があるのだろうか。それは、明治維新が起きた一九世紀後半という時代の特殊性を重視するからである。

主権国家の形成

かつて政治思想史研究者の丸山眞男は、日本の開国についてつぎのように述べた。

開国という意味には、自己を外つまり国際社会に開くと同時に、国際社会にたいして自己を国＝統一国家として画するという両面性が内包されている（『日本の思想』、九頁）。

この統一国家として自己を画する指標は、丸山によれば、領土や国籍、対外的に国家を代表する権力の存在である。すなわち、明治維新の目的は、それらをもつ主権国家を形成することであった。外からの圧力により、それまであいまいだった国家主権を、主体的に生み出す作業がその中心である。

一九世紀に日本を国際社会に取り込もうとした西欧の主権国家の目は、まず、対外的な国家を代表する権力を見極めようとした。国の代表（主権者）として、外国の使節に接見し、国書を受取り、外交を主宰するのは誰なのかを、「首都」において確認しようとしたのである。当初、そのような意味での主権国家の視線は、天皇ではなく徳川将軍に向けられていた。安政四年（一八五七）一〇月にアメリカ総領事タウンゼント・ハリスが、江戸城で一三代将軍家定への拝謁を果たしたのはそのためである。この段階では、近世において対外交渉を担ってきた幕府、その中心たる将軍が、法的に主権者（国家元首）にスライドするに相応しい存在だったのである。

しかし、以後の政局の展開は、幕府の政権担当能力に疑問符をつきつけ、イギリスを筆頭とした列強も、天皇の存在に注意を向けはじめた。幕府自身が、政治の重要問題について天皇の許可を丁寧に求めるという行為が、パンドラの箱を開けた。

一方で、軍事的劣勢から外交関係を継続せざるをえなかった将軍は、大政委任を楯に外交権を掌握しつづけ、江戸城（家茂）や大坂城（慶喜）で外国使節への接見をくりかえした。もし仮定が許されるなら、将軍の政府（幕府）が近代国家の政府に昇華しても、近代の将軍がやるべきことは、実際の天皇のそれと大きく変わらなかったのではないか。君主としてのあり方は、一九世紀後半という時代の枠組みに規定されざるをえない。その国家の歴史的個性を表象する宗教的その他のイデオロギーを剝ぎ取れば、そこに現れるのは政治・外交・軍事の前面に立つ君主であった。それは激しく競争しあう近代の国際社会で生き抜くために必要な存在とされたのである。

天皇を追う将軍、将軍を追う天皇

天皇と将軍は、本来は別のものであるのは言うまでもない。古代以来の宗教性・神権性を身にまとう天皇と、武家の棟梁としてむき出しの武力によって支配力を手にした将軍の違いは大きい。両者が国政上いかなる関係にあったかは、日本史上でも重要な課題である。その一方で、両者がともに「王」として注目されてきたことも事実である。例えば中世史における「京都の王権」と「鎌倉の王権」の対比などがそうであろう。近世でもしばしば両者の比較がなされることがある。つまり、武家としての将軍がやがて政権担当者＝統治者となり、それにふさわしい儀礼・意匠・神聖性を身につける。その多くは京都・王朝の文化装置を取り込むことによる将軍の公家化の進行である。将軍が天皇を追いかけ、同化していく現象とでも言えよう。これに対し、明治維新では、それとは逆に、天皇が幕末の将軍を追いかけていくところが他と違う。

もし、幕末の将軍と近代の天皇両者の比較に馴染みがないとすれば、それは、ほかでもなく一二月九日の政変を境に、幕末と明治を泰然と区別する傾向が、無意識に我々のなかに染みついているからではないか。将軍＝近世、明治天皇＝近代という意識が両者の比較を妨げている。また、天皇は天皇、将軍は将軍という区分けの意識も影響しているかもしれない。しかし、その瞬間瞬間を生きている人びとにとり、時代の切れ目は、現在の我々が考えるほど自明ではないし、両者を取り囲むプレーヤー、人的ネットワークなども、じつは連続しているものが多いのである。

ほんの一例を挙げれば、松平春嶽は幕末期に一時幕府の要職にあり、当時一〇代後半の将軍家茂を補佐し、君主としての成長に大きな影響を与えたが、幕府倒壊後は慶応四年（一八六八）八月に大学別当となった際、即位前後の明治天皇の侍読を務めた（明治三年〈一八七〇〉七月まで）。さらに、同時期に天皇の侍読を務めた人物で、春嶽と親密な秋月種樹《あきづきたねたつ》

（高鍋藩主）という人物がいる。この人物も幕末期に幕府の学問所奉行・若年寄を歴任し、将軍家茂の侍読としても仕え、家茂の字《あざな》や雅号を選定した人物であった。ついでに言えば、明治天皇の侍講として名高い元熊本藩士の元田永孚《もとだながざね》は、春嶽が幕末期に政治顧問として重用した横井小楠の弟子にあたるといった具合である。幕末と明治はひとつの時代なのである。

大政委任の捉え方

将軍と天皇の連続性を生み出したのは、西欧の主権国家の目だけではない。国内の政治の仕組みにもあった。それは、大政委任という問題である。大政委任とは、すでに述べてきたように天皇（朝廷）は統治せず、政治を将軍（幕府）に委任しているという考え方であるが、一八世紀末以降、政治社会に広まっていくと考えられている。その場合、本来政治を行使する権能は天皇のものであるという考え方が前提になっている。幕末期はその大政委任が元治元年（一八六四）四月の将軍家茂に対する勅書で実体化した。徳川慶喜の大政奉還は、それを受けたものと考えられる。

ところで、従来の研究では、この大政委任という問題を、将軍と天皇の共通性、類似性を議論するために考えることは、ほとんどなかった。むしろ漠然とだが、両者を隔てるものとして考えてきたのではないか。すなわち、天皇は政治をおこなわず、将軍が実際の政治をおこなう。したがって両者は異なる次元の存在である。両者を隔てるのが大政委任であると。しかし、幕末にそうなったように、天皇が政治の世界に関わりはじめたとき、両者は接近してくる。そして、大政委任が解除されたとき、将軍の内政・外交に関わる責任は、すべて天皇に回収されることに注目したいのである。実際に、王政復古で将軍が消滅したとき、「国事」のさまざまは天皇になだれ込んだ。西洋諸国との外交も、国内の「朝敵」征伐もすべて天皇が前面にたって、やらなければならなくなった。

若き天皇の苦難

明治以降の王政復古を正当化する歴史観においては、王政復古は、武家が政権を掌握する「変態」から、政権を天皇に取り戻した「正しい」あり方として捉えられた。しかし、それが天皇自身にとって満足のいく結果であったかどうかは別問題である。

孝明天皇が慶応二年一二月二五日に悪性疱瘡《とうそう》で死去したおり、明治天皇の生母である中山慶子は、実父の中山忠能にあてた書状でつぎのように述べた。

御不運なる様なる御所様、国事等に付ても世上にては種々と申し上げ候由、さりながら御二十歳頃より天下擾《みだ》れ掛《かかり》、一日一夜御安心様の御間もあらせられす、実に〳〵御苦慮のみにあらせられ……（『孝明天皇紀』五、九三二頁）。

このように、天皇に仕えた慶子は、政治責任にさらされた天皇の不運な人生に、悲しみと同情の念を禁じ得なかった。しかし、孝明天皇はその生涯において、いまだ大政委任の枠のなかに止まろうとし、事実、ぎりぎりではあるが、そのなかにいたといえよう。その天皇に対してすら、周囲による右のような歎きを招いたのだから、その跡を継いだ一〇代の若き天皇の苦難は想像するに余りある。

一番わかりやすいのが、第三章でも見た、慶応四年二月と三月におこなわれた英・蘭・仏三ヵ国公使に対する京都の禁裏御所での接見である。前述のように、天皇と外国人の対面については、中山慶子や女官の反対が強く、副総裁の岩倉も苦悩した。松平春嶽が天皇と対面したのは岩倉の依頼を受けて、天皇を説得するためであった。

パークスに随従した公使館員のミットフォードは、「ほんのわずかな人々しか天皇と面と向かって会うことが許されなかった」状況を思えば、「私は予期される試練に対して年若な天皇に同情を禁じ得なかった」と回想している（『英国外交官の見た幕末維新』、一五八〜一八〇頁）。同人によれば、謁見当日、天皇は頰には紅をさし、お歯黒姿で「少しはにかんでいるように見えた」という。

つづく三月末に断行された、天皇自らの軍事行動である大坂親征行幸に際して、当初天皇は強い抵抗を示し、食欲も減退するほどだったとの話を春嶽は伝えている（『松平春嶽未公刊書簡集』、一一五～一一六頁）。つまり、大政委任とは天皇を「国事」から守ってくれる防波堤だったのである。それが決壊したとき、列強のなかで国家の独立を維持してゆくために、軍事の先頭に立ち、やがて武人化する天皇が生まれた。明治天皇が、それ以前の天皇と断絶し、逆に武家である幕末の将軍に近似するのは、この点から見て必然だった。よく知られる明治天皇の軍服姿と、最後の将軍慶喜のフランス製軍服姿（図結―1）を比較してみればよい。これが政治・外交・軍事の先頭にたつ君主の姿なのである。

図結—1：徳川慶喜（松戸市戸定歴史館蔵）

お雇い外国人の見解

後世、人びとは明治という時代を、文明開化（西洋化）に向けての躍進と発展の時代と捉え、その象徴として偉大な明治天皇を仰ぎ見た。日本人ばかりではない。お雇い外国人として明治初年に教育分野に貢献したアメリカ人のグリフィスは、その晩年の著書において、「睦仁は、機にのぞんで能力を発揮し、新しい要求や義務にも欣然として応じたという点で、国民の精神の代表であった」と評した。「しかもまるで生まれ変わった人間のように、新しい機会を歓迎し、新しい要求に喜んで従い、どんな時間にでも忠実に義務を果たした」、「彼の祖先が夢にも想像しなかったような壮大な生活を目ざして、雄々しく奮闘した」と、自らが知る天皇を追想したのである（『ミカド』、三〇〇頁）。しかし、この見解はあまりに天皇を理想化した、楽天的な見方ではないだろうか。

一方、同じ外国人のなかにも、異なる視点から透徹した観察をおこなった人物もいる。明治二〇年（一八八七）に外務省のお雇い外国人として来日し、宮中に仕えたドイツ人オットマール・フォン・モールは、その著書において、皇族の伝統と保守的な宮中のならわしから考えて、天皇が「根本的には多くの改革をもともと嫌っておられたことは驚くにあたらない」（『ドイツ貴族の明治宮廷記』、六二頁）として、つぎのような見解を述べている。

若い君主は政権を自ら掌握したため、これまでの最高神官という職務とはまったくかけはなれた、あまりにも日常的ないとなみの中に突入せねばならないという事態に直面させられた。したがって古い日本の宮廷人の見るところでは、天皇ご自身が政治をとられることは、天皇が京都という栄えある神ながらの古都から、宮廷が移転した江戸といういまわしい政治的いとなみの中心に転落されたことを意味していた。さもなくとも将軍の宮廷に住むこと、愛すべき古都京都を捨てることは、たのしさどころか悲哀、悲痛の気分をひきおこし、移転を困難にさせたに違いない（同、六六〜六七頁）。

モールは右のように、天皇のなかに西洋化・文明開化と逆ベクトルの力を見た。天皇が洋風嫌いで、外国人への接見や握手を嫌ったことは、同時代の証言などでつとに知られるところである。江戸を「いまわしい政治」の中心と表現し、天皇が「転落された」と表現するところに、天皇の内在的な心情をえぐり取っているような印象を受ける。

旧江戸城という地霊

右でモールが、天皇が移住するのを嫌ったと見た東京の皇居は、元治元年に竣工した西の丸仮御殿が前身である。江戸城自体は、言うまでもなく徳川歴代将軍の居城としてあるが、西の丸仮御殿は、とりわけ一四代家茂と縁深い場所であった。文久三年（一八六三）一一月に江戸城本丸が火災で焼失して以降、同年六月に焼失した西の丸があった場所に、急いで築造した仮御殿であった。慶応元年（一八六五）五月一六日、長州征伐（第二次）に出陣する家茂は、その御殿を出る際、当時は木橋であった二重橋をわたっていった。対して最後の将軍慶喜がこの御殿に入ったのは、すでに将軍を辞職し、鳥羽・伏見戦争に敗れて以降わずかな期間にすぎない。そして、天皇は明治元年（一八六八）一〇月にその二重橋を経て西の丸御殿にはじめて入り、一度年内に還幸したのち、翌年三月にふたたびこの場所に入ったわけである。

第三章の最後で述べたように、将軍を後追いして武人化していった天皇が、旧江戸城に入ったのは、政治上の問題を別として、やはりそれなりの必然性があるように思う。それを考える際に参考となるのが鈴木博之『東京の地霊』である。

同書は、江戸から明治の転換点を中心に、東京のさまざまな土地がたどった歴史（運命）を、「地霊」（「ゲニウス・ロキ」）という概念をもって描いている。「地霊」とは、「結局のところある土地から引き出される霊感とか、土地に結びついた連想性、あるいは土地がもつ可能性といった概念」だという（一一頁）。つまり筆者なりに理解すれば、政治・軍事を媒介に、将軍と近代の天皇を結びつけているのがこの土地の地霊ではないか、ということになる。

西の丸御殿は、明治六年（一八七三）五月の火災で焼失し、直後から天皇は明治二二年（一八八九）正月まで、皇居の西側に位置する赤坂仮皇居に居住した。その敷地に附属して、英照《えいしょう》皇太后（孝明天皇女御）のための青山御所が造営され、現在にいたるまで、赤坂・青山は皇室と密接な場所となった。天皇は約一五年にわたる壮年時代を、この区域で過ごすことになる。天皇は仮皇居で政治をおこなうだけでなく、日常的に好きな馬術や学問、軍事調練に励んだのである。

ちなみに、赤坂仮皇居が設けられた場所は、紀州徳川家の中屋敷が前身である。青山御所の敷地も同じく紀州徳川家の所有であった。紀州徳川家は、近世の中期に八代将軍吉宗《よしむね》を出した名門である。幕末にいたるまで将軍の血統は吉宗＝紀州血統であった。同じく紀州家出身の一四代家茂は中屋敷で生を享け、一三歳で将軍となり、堀を越えた江戸城の主となった。この赤坂周辺にも将軍に関わる地霊が宿る。

明治天皇も臨御した青山練兵場や、その西に広がる地域は、かつての将軍の鷹場であり、幕末は家茂が大規模な調練をおこなった場所でもある。広大な場所で軍隊に号令を掛けるのは、もはや将軍ではなく天皇である。近代主権国家への転換点において、天皇はかつての将軍を追い、その生地にまでたどりついたということか。

そして、明治二一年（一八八八）に旧西の丸跡に新たに明治宮殿が完成し、天皇は住み慣れた赤坂仮皇居を出て、翌年正月に転居した。

天皇の後日譚

明治天皇（図結―2）は京都をたいへん好んだ。行幸で京都御所に滞在すると、何かと理由をつけて滞在を延長しようとして側近を困惑させた。侍従であった日野西資博《ひのにしすけひろ》はつぎのような談話を残している。

陛下は京都が大層御好きでございました、ツマリ故郷で、御懐しいのでございませう、それで京都へ行幸になりますと、何とかかとかおつしやつて、御還りを御延ばしになりました、明治三十年英照皇太后陵へ御参拝の時なども、四月から八月まで御滞在になりましたが、段々還幸が遅れますので、表でもいろ〳〵気を揉んで居りましたが、其の内に暴風雨があつて、鉄道に故障が生じたといふので又々還幸が延引になりました、其の時陛下は、マーよかつたといつたやうな御様子で「低気圧か、低気圧もよいナー」とおつしやつて、御笑ひになつたことがございます

ちなみに、このあとには続きがある。鉄道は復旧したが、東京に麻疹が流行しさらに還幸は延引となる。その後、流行が一段落したという連絡が入っても、天皇は「まだ残ってる筈ぢや、もつと調べて見よ」と言い、東京市中に二人の患者があるだけとの報告を受

け、「それ見よ、まだ残ってるではないか」と言って容易に還ろうとしなかったという（『「明治天皇紀」談話記録集成』一、一四八〜一五〇頁）。

その後、明治三一年（一八九八）三月に、六二歳となった前将軍徳川慶喜が、維新後はじめて皇居に参内し、天皇と皇后に対面するという出来事があった。その際のことと推定されたエピソードがある。それによれば、慶喜が帰ったのち、天皇が伊藤博文に対し、「伊藤、俺も今日でやっと今までの罪ほろぼしができたよ、慶喜の天下を取ってしまったが、今日は酒盛りをしたら、もうお互いに浮世のことで仕方がないと言って帰った」と述べたという（田中彰『明治維新の敗者と勝者』、二二四〜二二五頁）。真偽は定かでないが、さまざまな想像をかき立てる話ではある。

図結—2：明治天皇肖像（宮内庁蔵、ウゴリーニ作、明治七年）

しかし思う。はたして天皇は慶喜から天下を取ってしまったと、詫びたくなるほど現在の地位に満足していたのだろうか。政治にまつわる繁務から解放され、日々を過ごす前将軍を、逆に羨ましく思うことがなかったのだろうかと。

参考文献

刊行史料・編纂物など（書名五十音順）

日本史籍協会編『会津藩庁記録』一、四（東京大学出版会、一九六九年）
『会津松平家譜』（マツノ書店、二〇一三年）
日本史籍協会編『朝彦親王日記』二（東京大学出版会、一九八二年）
『維新史料綱要』四（東京大学出版会、一九八三年）
日本史籍協会編『維新史料編纂会講演速記録』一（東京大学出版会、一九七七年）
多田好問編『岩倉公実記』中（原書房、一九六八年）
佐々木克・藤井譲治ほか編『岩倉具視関係史料』下（思文閣出版、二〇一二年）
日本史籍協会編『岩倉具視関係文書』一、三、四（東京大学出版会、一九六八年）
A・B・ミットフォード　長岡祥三訳『英国外交官の見た幕末維新』（講談社学術文庫、一九九八年）
日本史籍協会編『大久保利通日記』一（マツノ書店、二〇〇七年）
日本史籍協会編『大久保利通文書』一、二（マツノ書店、二〇〇五年）
『大場家叢書1　大場伊三郎京都本圀寺風雲録――「一橋様御守衛日記」「京都本國寺御陣所民部大輔様御付日記」』（大山守大場家保存協会、二〇一三年）
国際ニュース事典出版委員会・毎日コミュニケーションズ編『外国新聞に見る日本①　1852〜1873年』（毎日コミュニケーションズ、一九八九年）
『改訂肥後藩国事史料』五（国書刊行会、一九七三年）
『鹿児島県史料　忠義公史料』三（鹿児島県、一九七六年）
『鹿児島県史料　玉里島津家史料』二（鹿児島県、一九九二年）

日本史籍協会編『官武通紀』一（東京大学出版会、一九七六年）
日本史籍協会編『木戸孝允日記』一（マツノ書店、一九九六年）
日本史籍協会編『木戸孝允文書』三（マツノ書店、二〇〇三年）
宮内庁京都事務所『京都御所渡廊及び附属建物復原工事報告書』（一九七八年）
山川浩編述『京都守護職始末』（二〇〇四年、マツノ書店）
鈴木棠三・小池章太郎編『近世庶民生活史料　藤岡屋日記』一〇（三一書房、一九九一年）
『孝明天皇紀』四、五（平安神宮、一九六八～一九六九年）
西郷隆盛全集編集委員会編纂『西郷隆盛全集』三（大和書房、一九七八年）
日本史籍協会編『再夢紀事・丁卯日記』（東京大学出版会、一九八八年）
日本史籍協会編『嵯峨実愛日記』一（東京大学出版会、一九八八年）
日本史籍協会編『史籍雑纂』一、二（東京大学出版会、一九七七年）
『史談会速記録』合本一（原書房、一九七一年）
古文書を探る会編『将軍上洛と八王子千人同心』（一九八六年）
『新訂増補国史大系　徳川実紀』二、三（吉川弘文館、一九八一年）
『新訂増補国史大系　続徳川実紀』四（吉川弘文館、一九八二年）
福沢諭吉『新訂　福翁自伝』（岩波文庫、二〇〇八年）
渋沢栄一編・大久保利謙校訂『昔夢会筆記』（平凡社〔東洋文庫〕、一九六六年）
『贈従一位池田慶徳公御伝記』二（鳥取県立博物館、一九八八年）
日本史籍協会編『続再夢紀事』一、六（東京大学出版会、一九八九年）
日本史籍協会編『伊達宗城在京日記』（東京大学出版会、一九七二年）
『多摩市文化財資料集　多摩市落合小山晶家文書』四（多摩市教育委員会、一九八七年）

『茅ヶ崎市史史料集　藤間柳庵「太平年表録」』（茅ヶ崎市、二〇〇七年）
安藤英男校注『塵壺　河井継之助日記』（平凡社〔東洋文庫〕、一九七四年）
横田達雄編『寺村左膳道成日記三　青山文庫所蔵資料集5』（高知県立青山文庫後援会、一九八〇年）
オットマール・フォン・モール　金森誠也訳『ドイツ貴族の明治宮廷記』（講談社学術文庫、二〇一一年）
日本史籍協会編『東西紀聞』一（東京大学出版会、一九六八年）
『同方会誌』三（二〇一一年復刻、マツノ書店）
日本史籍協会編『徳川慶喜公伝　史料篇』二、三（東京大学出版会、一九九七年）
『中井家文書の研究　第八巻　内匠寮本図面篇八』（中央公論美術出版、一九八三年）
日本史籍協会編『中山忠能日記』一（東京大学出版会、一九七三年）
日本史籍協会編『中山忠能履歴資料』九（東京大学出版会、一九七四年）
『幕末維新史料叢書4　逸事史補　守護職小史』（人物往来社、一九六八年）
宮地正人『幕末京都の政局と朝廷――肥後藩京都留守居役の書状・日記から見た』（名著刊行会、二〇〇二年）
柴田宵曲編『幕末の武家』（青蛙房、一九六五年）
『八王子千人同心井上松五郎　文久三年御上洛御供旅記録』（日野の古文書を読む会研究部会、一九九八年）
『福井県文書館資料叢書6　越前松平家家譜　慶永3』（福井県文書館、二〇一一年）
『福井市史　資料編5近世三』（福井市、一九九〇年）
『復古記』一～四（マツノ書店、二〇〇七年）
『福生市郷土史研究誌第一号　横田穂之助日記　幕末における千人隊』（福生市教育委員会、一九七五年）
日本史籍協会編『戊辰日記』（東京大学出版会、一九七三年）
『真木和泉守遺文』（真木保臣先生顕彰会、一九一三年）

松平春嶽全集編纂刊行会編『松平春嶽全集』一（原書房、一九七三年）
伴五十嗣郎編『松平春嶽未公刊書簡集』（思文閣出版、一九九一年）
W・E・グリフィス著　亀井俊介訳『ミカド　日本の内なる力』（岩波文庫、一九九五年）
大口勇次郎監修『水野忠精幕末老中日記』六（ゆまに書房、一九九九年）
研究代表者高木博志『明治維新と京都文化の変容――19世紀における「日本文化」の近代的再編・同質化〈平成13～15年度科学研究費補助金研究成果報告〉』（二〇〇四年）
明治神宮編『明治神宮叢書　第十八巻　資料編』2（国書刊行会、二〇〇三年）
『明治天皇紀』一（吉川弘文館、一九六八年）
『ヤング・ジャパン』1（平凡社、一九七〇年）
日本史籍協会編『横井小楠関係史料』二（東京大学出版会、一九七七年）
小野秀雄校訂『横浜新報もしほ草　江湖新聞』（福永書店、一九二六年）
堀口修監修・編集『臨時帝室編集局史料「明治天皇紀」談話記録集成』一（ゆまに書房、二〇〇三年）

未公刊史料（所蔵先五十音順）

宇和島伊達文化保存会所蔵「宇和島伊達家文書」
宮内庁書陵部所蔵「京都御所之図」（二一一八―二一一八）
同「野宮定功国事私記　文久二年甲」
同「野宮定功公武御用記　文久二年」二、同文久四年四
同「山科言成卿記」三二一、三三三
国立国会図書館憲政資料室所蔵「三条家文書」（マイクロフィルム、北泉社）
国立国会図書館憲政資料室所蔵『岩倉具視関係文書　Ⅲ』（マイクロフィルム、北泉社）

国立国会図書館古典籍資料室所蔵「御上洛御供日記」（史料番号一五五―八五）
首都大学東京図書館所蔵「水野家文書」
東京大学史料編纂所所蔵「大日本維新史料稿本」（マイクロフィルム、丸善）

著書（著者名五十音順）

家近良樹『幕末政治と倒幕運動』（吉川弘文館、一九九五年）
同『その後の慶喜――大正まで生きた将軍』（講談社選書メチエ、二〇〇五年）
石井正敏『NHKさかのぼり日本史　外交篇　8　鎌倉「武家外交」の誕生』（NHK出版、二〇一三年）
石井良助『天皇――天皇の生成および不親政の伝統』（講談社学術文庫、二〇一一年）
稲田雅洋『自由民権の文化史――新しい政治文化の誕生』（筑摩書房、二〇〇〇年）
井上勲『王政復古――慶応三年十二月九日の政変』（中公新書、一九九一年）
大久保純一『浮世絵』（岩波新書、二〇〇八年）
同『浮世絵出版論――大量生産・消費される〈美術〉』（吉川弘文館、二〇一三年）
太田博太郎『床の間』（岩波新書、一九七八年）
刑部芳則『洋服・散髪・脱刀――服制の明治維新』（講談社選書メチエ、二〇一〇年）
久住真也『長州戦争と徳川将軍――幕末期畿内の政治空間』（岩田書院、二〇〇五年）
同『幕末の将軍』（講談社選書メチエ、二〇〇九年）
佐々木克『江戸が東京になった日――明治二年の東京遷都』（講談社選書メチエ、二〇〇一年）
同『幕末政治と薩摩藩』（吉川弘文館、二〇〇四年）
鈴木博之『東京の地霊』（ちくま学芸文庫、二〇〇九年）
高木博志『近代天皇制と古都』（岩波書店、二〇〇六年）

高橋秀直『幕末維新の政治と天皇』(吉川弘文館、二〇〇七年)
多木浩二『天皇の肖像』(岩波現代文庫、二〇〇二年)
田中彰『明治維新の敗者と勝者』(NHKブックス、一九八〇年)
椿田有希子『近世近代移行期の政治文化――「徳川将軍のページェント」の歴史的位置』(校倉書房、二〇一四年)
原口清『戊辰戦争』(塙書房、一九六三年)
同『幕末中央政局の動向　原口清著作集1』(岩田書院、二〇〇七年)
同『王政復古への道　原口清著作集2』(岩田書院、二〇〇七年)
原武史『可視化された帝国――近代日本の行幸啓』(みすず書房、二〇〇一年)
深谷克己『江戸時代の身分願望――身上りと上下無し』(吉川弘文館、二〇〇六年)
藤岡通夫『京都御所　新訂』(中央公論美術出版、一九八七年)
藤田覚『幕末の天皇』(講談社選書メチエ、一九九四年)
ジョン・ブリーン『儀礼と権力――天皇の明治維新』(平凡社選書、二〇一一年)
松尾正人『維新政権』(吉川弘文館、一九九五年)
丸山真男『日本の思想』(岩波新書、一九六一年)
山本雅人『天皇陛下の全仕事』(講談社現代新書、二〇〇九年)

論文(著者名五十音順)
浅野秀剛「事前に描かれたイベント錦絵」(『日本の美術』三六五、至文堂、一九九六年)
大久保純一「頼朝のイメージと徳川将軍」(小島道裕編『武士と騎士――日欧比較中近世史の研究』、思文閣出版、二〇一〇年)

久住真也「幕末期武家参内に関する空間的考察――諸大夫の間と仮建を中心に」（『中央史学』三三、二〇一〇年）
同「幕末政治と禁裏空間の変容」（『日本歴史』七六〇、二〇一一年）
同「文久三年将軍家茂上洛の歴史的位置――明治元年東幸の前提として」（『千代田の古文書2――御上洛御用留　旗本小笠原家資料他』千代田区教育委員会、二〇一三年）
同「政治君主としての徳川家茂」（明治維新史学会編『明治維新史論集1　幕末維新の政治と人物』有志舎、二〇一六年）
同「将軍上洛と八王子千人同心の日記」（『多摩のあゆみ』一六八、二〇一七年）
佐々木克「東京奠都と東京遷都」（明治維新史学会編『講座明治維新』3、有志舎、二〇一一年）
杉本史子「時事と鳥瞰図――幕末、新たな空間の誕生と五雲亭貞秀」（『千葉県史研究』一六、二〇〇八年）
朴薫「幕末政治変革と〈儒教的政治文化〉」（『明治維新史研究』八、二〇一二年）
原口清「明治初年の国家権力」（原秀三郎・峰岸純夫ほか編『大系日本国家史4　近代Ⅰ』、東京大学出版会、一九七五年）
三田村鳶魚「『東海道名所風景』絵とき」（『三田村鳶魚全集』一五、中央公論社、一九七六年）
山本野理子「東海道中を描く錦絵の新展開――「御上洛東海道」を中心に」（博士論文・関西学院大学、二〇一一年）
米田雄介「明治天皇紀附図と二世五姓田芳柳」（『書陵部紀要』四二、一九九〇年）

図録その他（書名五十音順）

『王家の肖像　明治皇室アルバムのはじまり』（神奈川県立歴史博物館、二〇〇一年）
『企画展示　行列にみる近世――武士と異国と祭礼と』（国立歴史民俗博物館、二〇一二年）

『京都御所』（毎日新聞社、一九八六年）
鈴木博之監修『皇室建築　内匠寮の人と作品』（建築画報社、二〇〇五年）
『「皇女和宮」展』（読売新聞社、一九八六年）
『最後の将軍　徳川慶喜』（図録）（松戸市戸定歴史館、一九九八年）
福田和彦『東海道五十三次将軍家茂公御上洛図』（河出書房新社、二〇〇一年）
『東海道名所風景』（豊橋市二川宿本陣資料館、二〇〇六年）
『特別展　徳川慶喜』（茨城県立歴史館、二〇一五年）
扇子忠『錦絵が語る天皇の姿』（遊子館、二〇〇九年）
小西史郎『錦絵　幕末明治の歴史②横浜開港』（講談社、一九七七年）
同　『錦絵　幕末明治の歴史③動乱の幕末』（講談社、一九七七年）
同　『錦絵　幕末明治の歴史④維新の内乱』（講談社、一九七七年）
同　『錦絵　幕末明治の歴史⑤明治の新政』（講談社、一九七七年）
『明治神宮　聖徳記念絵画館謹画』（明治神宮外苑、二〇〇八年）
明治神宮監修・米田雄介編『明治天皇とその時代「明治天皇紀附図」を読む』（吉川弘文館、二〇一二年）

あとがき

本書執筆のきっかけは、拙著『幕末の将軍』（講談社選書メチエ、二〇〇九年）の執筆途中、東京・神宮外苑の聖徳《せいとく》記念絵画館を訪れたときに遡る。そこには、明治から昭和を生きた著名な画家たちによる、明治天皇に関連した出来事を描いた八〇枚の壁画が飾られている。伝統社会の宮中奥深くにいた祐宮《さちのみや》（のちの明治天皇）が、宮中変革によって近代的な天皇へと変貌していく過程が、壮大なパノラマのように示される。静寂のなかで絵を眺めていくうち、奇妙な感覚にとらわれはじめた。天皇の身に起こった変化を一般化すれば、「奥から表」に、「見えない姿」から「見える姿」に、「権威」から「国事」へといったところか。当時の筆者には、このような天皇の体験は、同じく政治の激変に身を置いた幕末の将軍の体験を、後追いしているように見えたのである。将軍＝近世、明治天皇＝近代という区分けは妥当ではない。いつか、将軍と天皇を連続線上に捉えてみたいと漠然と考えた。

しかし、このテーマを研究することは、浅学の筆者には簡単ではなかった。文献史料だけではじゅうぶんではなく、錦絵や絵図など視覚的な史料にもアプローチする必要を感じ、一から腰を落ち着けて取り組む覚悟を決めた。そして、完成までじつに約八年を要してしまった。時間を消費した最大の原因は、このテーマをいかなる命題に落とし込むか、試行錯誤をくりかえしたことにある。各論はできあがっても、それを一書にまとめるキー概念がなかなか思い浮かばなかった。長いあいだ、この研究は私が抱える研究課題の主要な部分を支配し、しんどい日々がつづいた。しかし、それはまた、研究を持続するエネルギーでもあった。

本書のタイトル「王政復古」は、各章を結びつけるキーワードとして、苦闘の過程を経てたどり着いたものである。将軍から天皇、宮中政治の展開、藩士の進出という、個々の水脈が合流するところに何があるのか、それを問い詰めた結果がこれであった。だから、王政復古はひとつの「事件」ではなく、「流れ」なのである。

ところで、王政復古は私にとって格別に重いテーマである。なぜなら、大学院時代に私の明治維新史研究の基礎を与えてくれた恩師、原口清先生が手がけた中心的なテーマだったからである。また、同じく大学院時代に教えをうけた井上勲先生の『王政復古』(中公新書)は、一二月九日政変の意義を鮮やかに説いたものとして、現在広く受け入れられている。その原口・井上両先生は、偶然にも二〇一六年一一月一四日にそろって他界された。筆者には大きなショックであったが、自らの研究の歩みをふりかえり、さまざまな感慨が去来した。はたして本書が、両先生にいかに読まれたか、それは知りたくても知りえないことである。自分は自分で、偉大なる両先生とは異なる王政復古を描く、そう覚悟を決めたというのが今の心境である。

本書を執筆するに際しては多くの方々にお世話になった。特に、宮内庁京都事務所におられた雨森光宣氏には、長年にわたり京都御所の構造についてご教示をいただき、本書完成の直前まで、貴重なご教示を賜った。二〇一〇年の春、冷たい雨のなか京都御所ではじめてお会いし、一般参観を利用してともに御所をまわっていただいた時のことは、忘れることができない。氏の存在なくして本書はなかったであろう。また、本書で扱った錦絵については、長年にわたる「御上洛東海道研究会」のメンバーである友人たちから得た知見も多い。加えて、明治維新史学会の諸氏からもさまざまな場で刺激を受けてきた。これらすべての方々に深く御礼申し上げたい。

そして、日々筆者に快適な職場環境を提供してくれている、大東文化大学の同僚の諸先生方、事務職員の方々、そして学生諸君にも深く感謝したい。

最後に、本書の編集を担当いただいた所澤淳氏とは、前著『幕末の将軍』の企画段階からのご縁となる。氏は本書が完成するまでの長いあいだ、また最後の最後まで、安易な妥協を許さず付き合ってくださった。本書の内容についての責任が、筆者にあるのは言うまでもないが、多少なりとも評価に値する点があるとすれば、それは氏の適切な助言によるものである。少しでも幕末史や明治維新に関心のある方々に、本書を手に取っていただければ、これほどうれしいことはない。

二〇一七年一一月二八日

久住真也

講談社現代新書　2462

王政復古《おうせいふっこ》　天皇《てんのう》と将軍《しょうぐん》の明治維新《めいじいしん》

二〇一八年一月二〇日　第一刷発行

著　者　久住真也《くすみしんや》　© Shinya Kusumi 2018

発行者　鈴木　哲

発行所　株式会社講談社

東京都文京区音羽二丁目一二―二一　郵便番号一一二―八〇〇一

電　話　〇三―五三九五―三五二一　編集（現代新書）

〇三―五三九五―四四一五　販売

〇三―五三九五―三六一五　業務

装幀者　中島英樹

印刷所　慶昌堂印刷株式会社

製本所　株式会社国宝社

定価はカバーに表示してあります　Printed in Japan

N.D.C.210　256p　18cm
ISBN978-4-06-288462-4

「講談社現代新書」の刊行にあたって

教養は万人が身をもって養い創造すべきものであって、一部の専門家の占有物として、ただ一方的に人々の手もとに配布され伝達されうるものではありません。

しかし、不幸にしてわが国の現状では、教養の重要な養いとなるべき書物は、ほとんど講壇からの天下りや単なる解説に終始し、知識技術を真剣に希求する青少年・学生・一般民衆の根本的な疑問や興味は、けっして十分に答えられ、解きほぐされ、手引きされることがありません。万人の内奥から発した真正の教養への芽ばえが、こうして放置され、むなしく滅びさる運命にゆだねられているのです。

このことは、中・高校だけで教育をおわる人々の成長をはばんでいるだけでなく、大学に進んだり、インテリと目されたりする人々の精神力の健康さえもむしばみ、わが国の文化の実質をまことに脆弱なものにしています。単なる博識以上の根強い思索力・判断力、および確かな技術にささえられた教養を必要とする日本の将来にとって、これは真剣に憂慮されなければならない事態であるといわなければなりません。

わたしたちの「講談社現代新書」は、この事態の克服を意図して計画されたものです。これによってわたしたちは、講壇からの天下りでもなく、単なる解説書でもない、もっぱら万人の魂に生ずる初発的かつ根本的な問題をとらえ、掘り起こし、手引きし、しかも最新の知識への展望を万人に確立させる書物を、新しく世の中に送り出したいと念願しています。

わたしたちは、創業以来民衆を対象とする啓蒙の仕事に専心してきた講談社にとって、これこそもっともふさわしい課題であり、伝統ある出版社としての義務でもあると考えているのです。

一九六四年四月　野間省一

哲学・思想Ⅰ

66 哲学のすすめ——岩崎武雄
159 弁証法はどういう科学か 三浦つとむ
501 ニーチェとの対話——西尾幹二
871 言葉と無意識——丸山圭三郎
898 はじめての構造主義 橋爪大三郎
916 哲学入門一歩前——廣松渉
921 現代思想を読む事典 今村仁司 編
977 哲学の歴史——新田義弘
989 ミシェル・フーコー 内田隆三
1001 今こそマルクスを読み返す 廣松渉
1286 哲学の謎——野矢茂樹
1293 「時間」を哲学する——中島義道
1315 じぶん・この不思議な存在——鷲田清一
1357 新しいヘーゲル——長谷川宏
1383 カントの人間学——中島義道
1401 これがニーチェだ——永井均
1420 無限論の教室——野矢茂樹
1466 ゲーデルの哲学——高橋昌一郎
1575 動物化するポストモダン 東浩紀
1582 ロボットの心——柴田正良
1600 ハイデガー＝存在神秘の哲学——古東哲明
1635 これが現象学だ——谷徹
1638 時間は実在するか 入不二基義
1675 ウィトゲンシュタインはこう考えた 鬼界彰夫
1783 スピノザの世界——上野修
1839 読む哲学事典——田島正樹
1948 理性の限界——高橋昌一郎
1957 リアルのゆくえ——大塚英志 東浩紀
1996 今こそアーレントを読み直す——仲正昌樹
2004 はじめての言語ゲーム——橋爪大三郎
2048 知性の限界——高橋昌一郎
2050 超解読！ はじめてのヘーゲル『精神現象学』 竹田青嗣 西研
2084 はじめての政治哲学 小川仁志
2099 超解読！ はじめてのカント『純粋理性批判』 竹田青嗣
2153 感性の限界——高橋昌一郎
2169 超解読！ はじめてのフッサール『現象学の理念』——竹田青嗣
2185 死別の悲しみに向き合う——坂口幸弘
2279 マックス・ウェーバーを読む——仲正昌樹

哲学・思想Ⅱ

13 論語――貝塚茂樹
285 正しく考えるために　岩崎武雄
324 美について――今道友信
1007 日本の風景・西欧の景観――オギュスタン・ベルク 篠田勝英 訳
1123 はじめてのインド哲学　立川武蔵
1150 「欲望」と資本主義――佐伯啓思
1163 「孫子」を読む――浅野裕一
1247 メタファー思考――瀬戸賢一
1248 20世紀言語学入門　加賀野井秀一
1278 ラカンの精神分析――新宮一成
1358 「教養」とは何か――阿部謹也
1436 古事記と日本書紀　神野志隆光

1439 〈意識〉とは何だろうか　下條信輔
1542 自由はどこまで可能か　森村進
1544 倫理という力――前田英樹
1560 神道の逆襲――菅野覚明
1741 武士道の逆襲――菅野覚明
1749 自由とは何か――佐伯啓思
1763 ソシュールと言語学――町田健
1849 系統樹思考の世界――三中信宏
1867 現代建築に関する16章　五十嵐太郎
1875 日本を甦らせる政治思想　菊池理夫
2009 ニッポンの思想――佐々木敦
2014 分類思考の世界――三中信宏
2093 ウェブ×ソーシャル×アメリカ　池田純一

2114 いつだって大変な時代――堀井憲一郎
2134 いまを生きるための思想キーワード――仲正昌樹
2155 独立国家のつくりかた　坂口恭平
2164 武器としての社会類型論　加藤隆
2167 新しい左翼入門――松尾匡
2168 社会を変えるには――小熊英二
2172 私とは何か――平野啓一郎
2177 わかりあえないことから　平田オリザ
2179 アメリカを動かす思想　小川仁志
2216 まんが　哲学入門――森岡正博 寺田にゃんこふ
2254 教育の力――苫野一徳
2274 現実脱出論――坂口恭平
2290 闘うための哲学書――小川仁志 萱野稔人

日本史

世界史Ⅰ

世界史Ⅱ

日本語・日本文化